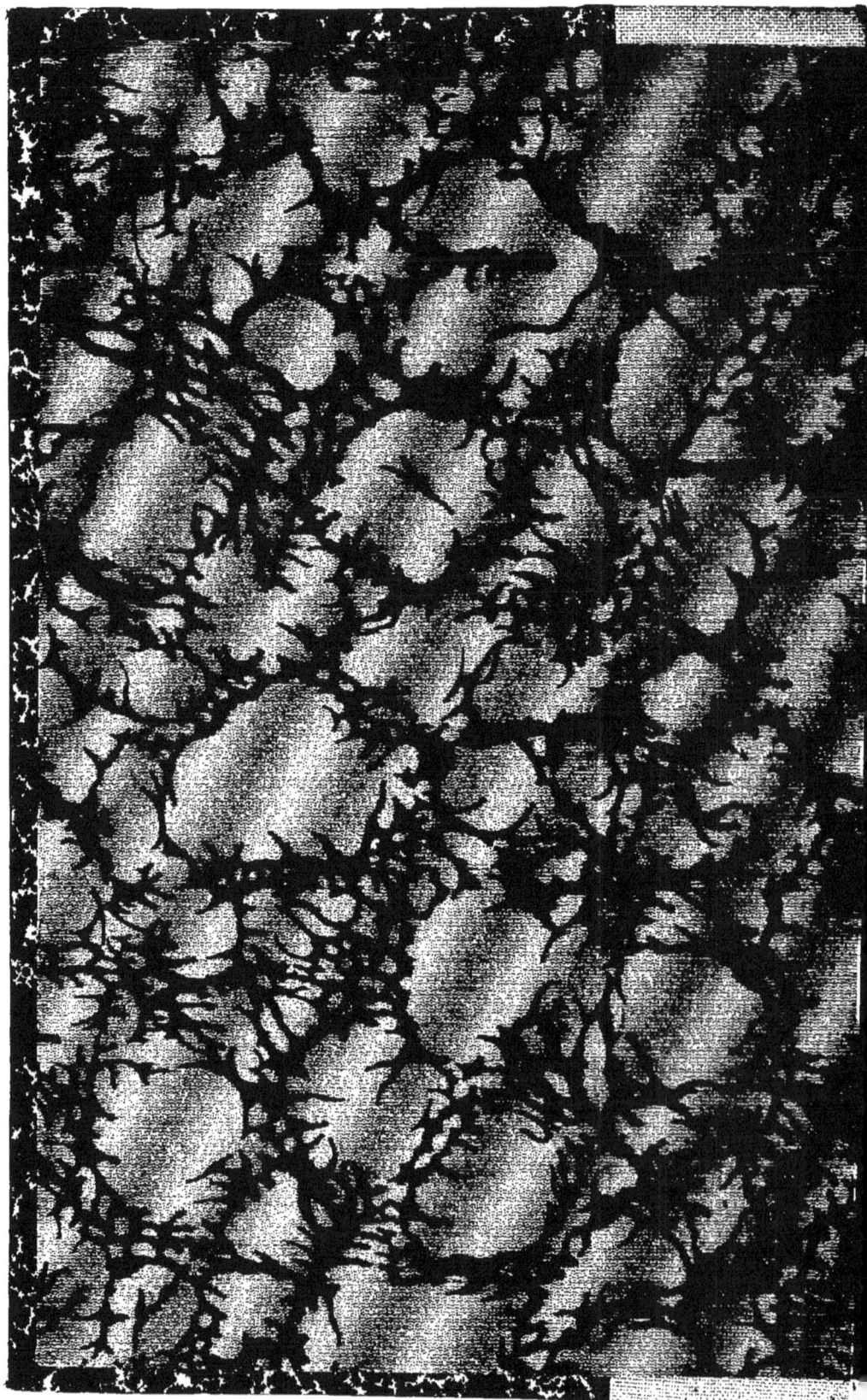

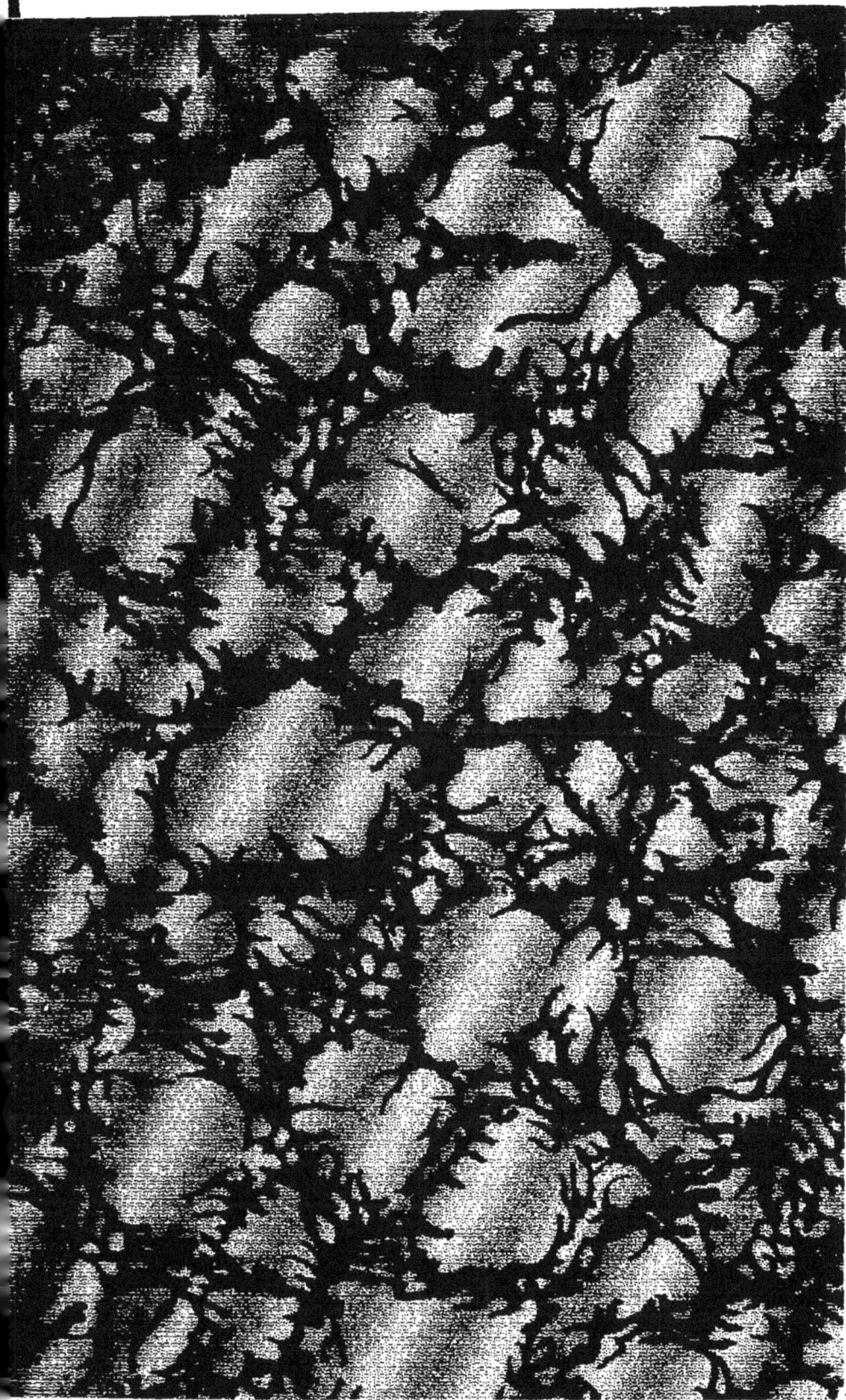

HOMMAGE

A

VICTOR HUGO

RECUEIL DES ŒUVRES COURONNÉES

AU CONCOURS OUVERT EN L'HONNEUR DU GRAND POÈTE

par

L'ACADÉMIE DES LETTRES, SCIENCES & BEAUX-ARTS
DE LA PROVINCE

PARIS

AU SIÈGE DE LA SOCIÉTÉ

LUCIEN DUC, ÉDITEUR

116, Boulevard Montparnasse, 116

—

1886

HOMMAGE A VICTOR HUGO

BIBLIOTHÈQUE DE LA PROVINCE

HOMMAGE

A

VICTOR HUGO

RECUEIL DES ŒUVRES COURONNÉES
AU CONCOURS OUVERT EN L'HONNEUR DU GRAND POÈTE

par

L'ACADÉMIE DES LETTRES, SCIENCES & BEAUX-ARTS
DE LA PROVINCE

PARIS

LUCIEN DUC, ÉDITEUR

116, Boulevard Montparnasse, 116

1886

BUREAU DE L'ACADÉMIE

—

MM. BERGUES-LAGARDE, *Président.*
  Lucien DUC, *Secrétaire-général, Trésorier.*
  Paul ALBERT, ancien direct. de la *Revue méridionale.*

SECTION PARISIENNE

MM. Antonius ADAM.   MM. Colonel A. DAUVERGNE.
  Emile BARBIER.   Gaston D'HAILLY.
  Marc BONNEFOY.   A. Laurent de FAGET.
  Georges BOURET.   Vincent D'INDY.

SECTION LYONNAISE   SECTION DE LANGUEDOC

Victor COUDRIER.   Vicomte de LANQUAY.
Claudius PROST, *Secrét.*   Gaston SERRES, *Secrét.*
X**   X**

SECTION DE PROVENCE

MM. Charles BISTAGNE.
  Jean MONNÉ, *Secretaire.*
  Jules DAVEIGNO.

———

DÉLÉGUÉS

Armand BOURGEOIS. *Délégué général.*
Gabriel Leprévost, *pour l'Angleterre.*
Paul Mangin, *pour le Var.*
Auguste Gillouin, *pour la Drôme.*
Victor Lebon, *pour l'Isère.*
Gounin-Ghidone, *pour l'Indre-et-Loire.*
Joseph Cayrou, *pour la Gironde.*
Docteur Amable Dubrac, *pour le Limousin.*
Docteur Camille Queudot, *pour Seine-et-Marne*
Louis Oppepin, *pour la Nièvre.*
Georges Marcassin, *pour la Somme.*
Henri Bossanne, *pour l'Ardèche.*

DE LA PROVINCE ·

CONCOURS EN L'HONNEUR DE VICTOR HUGO

COMPTE-RENDU DU BANQUET

Le 29 novembre dernier a eu lieu, dans les salons Lapérouse, à Paris, le banquet organisé en l'honneur des lauréats du grand Concours Victor Hugo, ouvert sous les auspices de l'Académie de la Province. ·

Raconter, par le menu, le début de ce festin qui ressemblait à tous les autres, quant aux mets, serait, à mon avis, du journalisme outré. Il n'en est pas de même — je me plais à le dire — si je touche au détail de la composition toute choisie de cette table autour

de laquelle rayonnaient, à côté des femmes
les plus aimables et du meilleur monde, des
hommes, graves en apparence, quoique
jeunes, mais dont l'amoureuse verve de l'art
et la joie du succès illuminaient les fronts.
Pas de longs cheveux couvant des vers mal-
sains, dans notre réunion ; pas la moindre
forêt, pas le plus mince Hirsute ; ni chevelus
ni chauves : des poètes bien coiffés, presque
bécarres, voilà de quoi faire mourir la légende. Car, pour quelques-uns qui n'envi-
sagent pas la poésie au point de vue du
crâne, la grosse masse lie le vers à la racine
capillaire.

Cette pointe poussée, je continue par où
j'aurais dû commencer.

Cette fête — tant il est vrai que la mort
même ouvre la porte aux plaisirs — était pré-
sidée d'honneur par le colonel Dauvergne
qui sut prouver aux dames, en quelques
phrases improvisées, qu'on peut être à la
fois soldat, poète et galant homme.

Notre directeur et ami Lucien Duc lui
faisait vis-à-vis, trônant majestueusement
entre Mlle la comtesse de Treytorrens et

Mme Amélie Broszniowska. Au dessert, il se leva, discours en main, et nous lut, avec le flegme qui le caractérise, les belles pages qu'on trouvera à la suite de ce compte-rendu et dont nous sommes heureux de le féliciter.

J'avoue néanmoins que, dès le principe, la crainte d'une note forcément directoriale, académique et longue, avait semé sur l'auditoire un certain grain d'appréhension bien excusable par les temps qui courent, où l'orateur se traîne à plaisir dans le vide de ses larges périodes. Nous fûmes déçus du bon côté, Duc se montra raisonnable et sage : nous le voyions tourner ses nombreux feuillets sans fatigue et sans peur, et des applaudissements unanimes et mérités lui apprirent qu'il avait pris la vraie route, celle qui touche au cœur.

Il y a deux sortes de charmes : le charme de circonstance et le charme habituel. Quand Duc eut indiqué le premier, Mme Kraetzer confirma le second. Son *Coq et sa Poulette* a toujours la même jeunesse, la même fraîcheur. Écoutez-la dire cinquante fois, avec sa tendre bonhomie, cette idylle entre gal

linacés, et vous aspirerez, à chaque audition
nouvelle, un parfum que vous n'aurez pas
encore senti.

Mme Moissonnier n'avait pas craint — ou-
bliant la distance — de quitter son petit coin
de l'Isère, pour venir jusqu'à nous, et c'est
avec la plus franche simplicité qu'elle nous
détailla les qualités de son ode à V. Hugo.

Ajoutons en passant que, grâce à elle, M.
Vossion, Consul de France à Philadelphie,
avait bien voulu nous honorer de sa présence,
mais regrettons que la modestie de ce savant
délicat l'ait empêché de nous rien conter.

Désormais, M. Vossion est des nôtres, et
les concurrents de notre prochaine joute
auront à se disputer le curieux vase birman
qu'il nous a offert.

En dépit des prières coalisées de l'assis-
tance entière, Mlle Burnand, citée au rapport,
ne se laissa pas vaincre, et nous en sommes
encore à pleurer sa timidité, ainsi que celle
de Mme Anna David.

Mme Broszniowska, elle, ne refusa pas de
mêler sa voix au concert général et elle ajouta à la louange du maître le sonnet suivant:

Quand, les pieds fatigués par une longue route,
Je m'assieds en rêvant sur le bord du chemin,
Ou que mon œil, fixé sur la céleste voûte,
Poursuit d'un astre errant l'éphémère destin.

Sur mon luth inspiré, je me penche ... et j'écoute
Le nom mélodieux qui s'éveille soudain ;
Mais sous mes doigts tremblants, inhabiles sans doute,
La corde, hélas ! se brise... et je la cherche en vain !

C'est que de son éclat il embrasa la nue,
Remplissant l'univers de sa vaste étendue
Comme un écho lointain par les vents apporté !

C'est le tien, grand Victor ! ô génie ! ô poète !
Mais, pour le bien chanter, ma lyre n'est point faite :
Il resplendit de gloire et d'immortalité !

Au tour des hommes, maintenant.

Adam (Antonius pour les dames, mais Adam pour les sincères et nombreux amis qu'il a), avait, le malicieux ! aiguisé en cachette, une pointe fine et piquante contre chacun des membres du Comité dont il fait partie. D'estoc par ci, de taille par là, tous morceaux lui étaient bons. Jugez plutôt la pièce incriminée, et donnez-lui la saveur qu'elle comporte, en la mimant de la façon suivante : tenez votre livre de la main gauche, levez de temps en temps, mécaniquement, la main droite, en ayant soin d'avoir toujours l'index en sentinelle pour désigner l'ennemi ; mettez dans vos yeux votre meil-

1.

leur regard, prenez le chaud accent du pays
du soleil, et vous deviendrez Adam même.

FANTAISIE DE POÈTE

Duc murmure, à part lui : « Dira-t-il quelque chose ?
« Parlera-t-il en vers, causera-t-il en prose ?
« La muse qui, longtemps. se sépara de lui,
« Ne viendra-t-elle pas l'inspirer aujourd'hui ? »
Sur son front inquiet, voyez-vous ce nuage
Qui le tourmente, hélas ! qui pâlit son visage ?
Ses yeux semblent me dire : « Eh bien ! mon cher Adam,
« Ne conterez-vous rien... rien d'abracadabrant ? »
Et Bouret rit sous cape, il en prend à son aise ;
Il se dit : « Pauvre Adam ! il lui manque la « braise »,
« L'or puissant de l'idée inhérente au bon vers ! »
Georges. ne mettez pas mon esprit à l'envers !
Mais si Duc est tremblant, si Bouret me moleste,
Mesdames, près de vous un seul recours me reste :
En vous, dans vos regards, comme un céleste don,
Ne vois-je pas briller l'excuse et le pardon ;
Dès lors, oh ! placez-moi sous vos heureux auspices,
Soyez mon bouclier, mon salut, mes complices,
Car de peur, oui, de peur, je me sens assailli :
Que va penser de moi mon confrère d'Hailly ?
Le colonel Dauvergne en fin soldat me guette,
Barbier glisse tout bas : « Courage, cher poète ! »
De Faget applaudit au choix de mon discours,
Permettez-moi, Messieurs, d'en poursuivre le cours,
Et si, dans un nuage, après tout je m'égare,
Dites-moi sur-le-champ : « Adam, soyez bécarre ! »
Ou, si vous préférez. et sur l'heure, à l'instant,
De même, exclamez-vous : « Dieu, comme il est tordant ! »

* *

Que vous dirai-je bien qui puisse ici vous plaire ?
Ce ravissant festin, je le trouve exemplaire ;
Il suscite en nos cœurs un généreux émoi,
Oui, je me sens meilleur ; soyez-le comme moi !
A tous ces mets exquis parfumés d'ambroisie,
Vous mélangez vos vers si pleins de poesie ;
Jusques à l'Idéal vous poussez vos élans !
Nous couvrons de bravos vos très réels talents ;
Nous écoutons, charmes, votre lyre attendrie,
Qu'elle chante l'Amour, l'Honneur ou la Patrie,
Et nos cœurs battent tous, oui, tous, à l'unisson
Lorsque vous nous rimez quelque aimable chanson,
Quand de Victor Hugo vous chantez les louanges,
Quand les Jeux et les Ris, en nombreuses phalanges,
Viennent, à votre voix, égayer nos ébats ;
Quand vous nous racontez les sublimes combats ;
Quand de votre cerveau sort l'ode ou l'épopée,
Ailée ou grandiose, altière et bien frappée !
Alors, si candides que nous soyons par vous,
De Charybde en Scylla nous déringolons tous,
Car le Réel perçant nos âmes en arrière,
Nous entendons soudain le public qui murmure,
Qui rit, qui batifole avec un mot nouveau,
Abandonnant son « Vlan » et son « Pschut » et son « Veau »,
Et qui, d'un ton railleur, sans même crier : Gare !
Nous lance, en badinant : « Oh ! moi, je suis bécarre ! »

* *

Mesdames et Messieurs, quittant ce ton badin,
Permettez que je prenne un tout autre chemin,
Que je vole bien vite au pays des arènes,
Que de la Seine au Gard, et par monts et par plaines,
Sous un soleil ardent, sous un ciel toujours bleu,
J'aille jusqu'à l'Absent exposer votre vœu !

Vous savez tous combien il nous est sympathique :
Je veux le lui redire en un toast pindarique,
Afin qu'il sache bien qu'en ce brillant banquet,
Nous choquons notre verre en formant ce souhait :
« A notre président — que Dieu l'ait en sa garde ! —
« Au poète des « Pleurs », à de Bergues-Lagarde ! »
Mais l'absent n'est pas seul ; il est d'autres absents,
Des poètes exquis, des collègues charmants,
Qui, d'esprit et de cœur, sont avec les fidèles :
O Muses ! portez-leur les choses les plus belles !
Que nos plus doux pensers s'envolent auprès d'eux ;
Qu'ils goûtent les échos de vos refrains joyeux ;
Que des champs, de la ville, au sein de leurs familles,
Ils puissent dire aux leurs, femmes, garçons ou filles :
« Là-bas, de bons amis portent notre santé ! »
Eh bien, Messieurs, buvons à leur prospérité !

*
* *

Et maintenant, fêtons notre chère Revue,
Mettons-la chaque jour encore et plus en vue,
Tressons-lui des lauriers, des palmes en vermeil,
Qu'elle brille par vous d'un éclat sans pareil !
Musiciens brillants ! poètes ! philosophes !
Brodez-lui son peplum en de riches étoffes,
Et que, belle et savante et poétique encor,
Elle répande au loin son œuvre aux feuillets d'or ;
Qu'à toujours l'embellir chacun de nous travaille :
Livrons en son honneur bataille sur bataille,
Rendons-la digne d'elle et digne enfin de nous,
Couronnons-la de fleurs de la tête aux genoux !
Allez ! Que l'ennemi, surpris par nos hommages,
Voie en elle une force à vos jeunes courages,
Alors, la plume au poing, soyez, soyez vainqueurs !
Place à votre Idéal ! place à vos nobles cœurs !
Que « la Province », amis, soit une autre Chimène ;
Soyez les nouveaux Cids descendant dans l'arène,

Car, combattant pour elle, oh ! vous vous battrez bien,
L'amour du Beau. du Vrai, sera votre soutien,
Et vous direz, ravis, dans une ode à Pindare :
« Dieu, que je suis tordant ! Cieux, que je suis bécarre ! »

Gaston d'Hailly succède à l'homonyme du premier homme. Comme rondeur, figurez-vous Sarah Bernhardt en habit : c'est pour cette raison peut-être que notre *delgado* confrère traite fort gentiment, sur un agréable ton de flûte, la question de l'Idéal. Oyez son impalpable thèse, pesez-la, pesez-le, elle pèsera autant que lui.

APOLOGUE

Au détour d'un chemin, deux voyageurs se rencontrèrent.

L'un, superbe en son allure, marchait orgueilleusement, suivi d'une affluence de flatteurs chantant ses louanges et lui tressant des couronnes.

L'autre, humble en sa mise, s'avançait sans cortège, et semblait vouloir s'effacer au passage de cette foule bruyante dont les acclamations faisaient retentir les échos d'alentour.

Mais le premier voyageur inclinant son front altier devant la modestie du second, lui ouvrit les bras et, le serrant sur son cœur, il interpella ainsi la foule qui regardait, surprise, ce tableau d'effusion :

— Ce que vous admirez chez moi n'est que l'enveloppe extérieure, mais ôtez le voile de modestie qui cache l'âme de mon

frère, et vos yeux resteront éblouis devant l'éclat et la splen-
deur de ses vertus par lesquelles l'Humanité progresse.

— *Le Beau, c'est la matière idéalisée.*

— *Mon frère, le Bien c'est la pensée idéalisante.*

— *Et de notre union naît le Mieux : l'Idéal !*

Après l'idéal qu'on ne voit pas, le spirituel spirite M. de Faget, a évoqué devant nous, non l'esprit, qu'on voit encore moins, mais l'image de la France, et chacun s'est associé à ce toast patriotique :

> Je bois à celle que la guerre
> N'a pu briser
> Et qui doit, dans la paix austère.
> Se reposer ;
>
> Je bois à celle que le monde
> Verra grandir.
> Et qui, par la liberté, fonde
> Son avenir :
>
> Je bois à notre chère France,
> A ses succès,
> Et surtout à l'indépendance
> De l'art français !

Le grand Barbier était voisin du petit Bouret. Le premier dit quelque chose et le second ajouta ce qui suit :

Mesdames et Messieurs,
                    Cette fête est charmante,
Et notre directeur veut qu'on le complimente.
Regardez-le sourire ; il triomphe en romain,
Et je le vois déjà qui se serre la main.
Laissons-le se draper, doucement, dans sa gloire,
On peut bien être fier après une victoire !
Ne vous effrayez pas de ses airs de vainqueur,
Je sais qu'il est heureux : la joie est dans son cœur.
Quant à moi, si je prends ce ton d'académie,
Je m'expose à parler à la table endormie.
Aussi, la sotte idée : Aller faire un discours,
Au dessert, après boire, à l'heure des amours !
Enfin, j'ai commencé ; mais, n'ayant rien à dire,
Dois-je briser si tôt les cordes de ma lyre ?
Non, ce premier banquet ne s'achèvera pas,
Sans qu'on y suive un peu la trace de mes pas.
Victor Hugo n'est plus ! Si j'étais aussi riche
Que j'ai compté de fois ce terrible hémistiche
Dans les gros manuscrits de nos chers concurrents,
Mesdames et Messieurs, j'aurais cent mille francs,
Je n'exagère pas. Il faut que je m'arrête,
Car je sens, contre moi, que la vengeance est prête.
Toujours lui, pense-t-on, ce rapporteur grincheux
Qui vient encore, ici, s'imposer en fâcheux !
Que ne m'est-il donné, jadis comme Archimède,
De crier « Euréka ! » j'ai trouvé le remède.
Eh bien, non, j'ai fini ; je suis bon, je suis doux,
Pour me mettre à vos pieds, je manque de genoux.
Pardonnez-donc, amis : je serai moins sévère,
        Je le jure en vidant mon verre !

Ce serment valut à Bouret la commutation de sa peine : au lieu de la mort, les rapports forcés.....

M. Armand Bourgeois ferme la série par cette allocution tranquille comme une ville de l'est, paternelle comme la parole de Dieu.

Je bois à tous les membres de l'Académie, à tous nos amis.

Pour nous tendre une main fraternelle, nous ne pouvions choisir un plus beau jour que celui de notre fête en l'honneur de Victor Hugo.

Eh ! oui, notre belle fête littéraire est bien nommée ainsi.

Victor Hugo ! ce nom à remuer toute âme de poète, ce génie dont on ne peut qu'être embrasé, cette tête par Dieu touchée, voilà quel doit être notre modèle !

Et quand même nous ne possèderions qu'une étincelle de ce merveilleux feu sacré qu'avait le maître, nous en serions encore grands !

Ah ! le poète de la « Légende des siècles », des « Châtiments », de « l'Art d'être grand-père » renferme, certes, tout ce que l'âme de l'homme peut contenir de plus élevé, de plus indigné et de plus tendre.

Je sens, Mesdames, que votre préférence marquée est pour la dernière des œuvres citées. Je le crois bien ! Où trouver ailleurs autant d'harmonie douce et caressante, autant de sérénité et de tendresse ? Non, ce n'est pas vous qui ménagerez votre admiration à notre plus grand poète national, car il sut, comme pas un peut-être, parler à votre cœur.

Malgré tout cela, qu'il me soit permis de dire que pour le souffle poétique, les images saisissantes, la majestueuse ampleur, la force et la puissance de l'idée, les « Châtiments » sont le chef-d'œuvre du Maître.

Tel est le tribut d'hommages que je tenais à apporter à la mémoire de Victor Hugo.

Maintenant mes dernières paroles seront pour vous dire : Voyez ce qu'a fait et pu faire « l'Académie de la Province », qui va bientôt commencer sa neuvième année.

Elle est la première qui, dans notre grand et admirable Paris, dans toute la France même, ait songé à ouvrir un concours littéraire en l'honneur de V. Hugo.

Sa noble et généreuse initiative a été couronnée de succès, le grand nombre de concurrents et les belles pièces de nos lauréats le prouvent,

Aussi plus que jamais voudrez-vous soutenir, encourager son œuvre si méritante?

A la prospérité de l'Académie et à notre réunion solennelle de 1886!

J'aurai fini quand j'aurai envoyé à M· Bergues-Lagarde le toast enthousiaste qui lui a été porté, et que j'aurai cité, comme parfaits diseurs, M. Gaston Peiffer et M. Henriot.

Les lauréats avaient lu leurs pièces, chacun avait placé son mot, minuit allait sonner. Auteurs, acteurs et spectateurs se séparèrent enchantés les uns des autres ; et comme il n'est pas de beau jour sans lendemain, chacun se promit de donner son pendant à cette fête intime.

La première a réussi : à quand la seconde ?

Georges BOURET.

DISCOURS DE M. LUCIEN DUC

Mesdames, Messieurs et chers Confrères,

Chacun de nous se souvient encore de l'émotion qui s'empara de tous les cœurs français à la nouvelle de la mort de Victor Hugo.

Ce fut une explosion universelle de douleur, à laquelle succéda bientôt un souffle d'enthousiasme qui se traduisit par la pompe inoubliable de funérailles à rendre jaloux les triomphateurs de tous les temps.

A côté des disciples et des amis du maître, on voyait des députations de tout ordre, chacun ayant voulu manifester son admiration ou son amour pour le grand penseur.

Il serait sans doute téméraire d'affirmer que tous ceux qui composaient le cortège pouvaient apprécier l'œuvre littéraire du défunt ; mais on peut dire, du moins, que

tous avaient la pensée qu'un esprit de cette
puissance ne pouvait périr; et ceux-là même
qui refusent de croire à l'immortalité de
l'âme proclamaient l'immortalité du poète!

Oui, le génie de Victor Hugo est immortel, précisément parce qu'il est le reflet de
son âme, et je suis convaincu que vous tous,
littérateurs qui m'écoutez, vous avez reconnu
l'essence divine et impérissable de cette
âme en lui demandant l'inspiration nécessaire pour descendre dans la lice que nous
avons ouverte devant vous.

L'envoi d'une délégation aux obsèques de
Victor Hugo ne pouvait être, à mes yeux,
considéré comme un hommage suffisant, de
la part d'une Société littéraire et poétique.
C'est pourquoi, au retour même de la cérémonie funèbre, je proposai au Comité d'ouvrir un Concours spécial en l'honneur du
grand poète. Cette proposition fut votée
par acclamation, et, dès le 15 juin, notre
programme était lancé.

L'initiative prise par l'Académie de la
Province lui a valu de précieuses sympa-
thies : la plupart des éditeurs des œuvres

du maître nous ont offert des lots d'ouvrages pour être décernés en prix ; nos amis de Champagne — sachant que leur nectar a le don d'exciter la verve des poètes — ont mis à notre disposition quelques paniers des meilleurs crûs, et enfin M. le Président de la République lui-même a bien voulu manifester l'intérêt qu'il prenait à notre joute en offrant un beau vase de Sèvres au plus méritant.

Nous sommes heureux de remercier de nouveau les protecteurs des lettres qui ont encouragé de la sorte nos efforts, comme nous remercions tous ceux qui se sont employés à assurer le succès de ce tournoi, et en particulier notre délégué général, M. Armand Bourgeois, véritablement infatigable dans sa mission de propagande littéraire.

Merci encore à nos Confrères de la presse qui ont annoncé notre Concours, aux membres du Jury, qui ont rempli leur tâche avec une conscience et un dévouement au dessus de toût éloge, et enfin, merci à vous tous qui avez bien voulu rehausser par votre présence l'éclat de notre petite solennité.

Dans ce beau pays de France où la galanterie est de tradition, au sein de cette capitale où l'esprit et la Beauté règnent sans conteste, et au milieu surtout d'une assemblée de trouvères dont les prédécesseurs, au moyen-âge, peuplaient les *cours d'amour* il me sera bien permis, j'espère, d'adresser un hommage tout particulier aux Dames qui se trouvent parmi nous et dont la grâce inspirera demain, j'en suis convaincu, plus d'un de nos poètes.

Nous n'aurons garde, Mesdames, de vous tenir éloignées de nos agapes et de nos fêtes : nous vous demanderons, au contraire, de venir toujours les égayer, les embellir, et leur donner un caractère vraiment français et poétique.

RAPPORT

Permettez-moi, maintenant, de vous faire connaître les résultats du Concours.

Nous avons reçu un total de 185 pièces, se décomposant de la façon suivante :

17 études en prose,
49 odes,
82 sonnets,
37 poésies genre libre.

Nous sommes loin, ici, du chiffre fabuleux atteint l'année dernière par le concours sur le vin de Champagne ; mais, pour chanter dignement Hugo, il fallait incontestablement plus de savoir que pour rimer des couplets au vin mousseux.

Le résultat numérique obtenu est donc très respectable encore. Et d'ailleurs, qu'importe la quantité ? C'est la *qualité* qu'il faut considérer, et, sous ce rapport surtout, nous avons lieu d'être satisfaits.

Dans les odes comme dans le genre libre, les bonnes pièces ne sont pas rares, et la plupart de celles qui n'ont pas été récompensées répondent encore à la note *assez bien*.

Il n'en est pas de même pour les sonnets : ici, la moitié des œuvres mérite à peine la note *passable*, et, parmi les meilleures, aucune peut-être n'est absolument parfaite ; mais un sonnet *sans défaut*... c'est si rare !

Par contre, les études en prose ont été particulièrement soignées, et le niveau général est bon.

Jetons un coup d'œil rapide sur les œuvres de chaque catégorie, en suivant l'ordre du programme.

PROSE

La plupart des mémoires en prose — je le répète volontiers — sont très suffisants : le sujet a été consciencieusement étudié, *amoureusement*, pourrais-je dire, et ceci m'amène tout d'abord à formuler une critique générale : quelques auteurs ont trop laissé voir que Victor Hugo était, de leur part, l'objet d'un véritable culte.

Chez un poète, le fait n'a pas une importance capitale ; — n'est-il pas convenu que les poètes exagèrent tout ? — mais chez un prosateur, tout sentiment poussé à l'extrême devient une pierre d'achoppement.

Quand on étudie l'œuvre d'un penseur, il faut, en effet, savoir faire taire l'enthousiasme comme la passion, afin de juger froidement et sainement, ainsi que doit juger l'Histoire.

C'est surtout ce caractère d'impartialité et de modération qui distingue le premier mémoire couronné : celui de M. V. Duclos.

Le travail de M. Gaston Peiffer, classé au deuxième rang, avait également fixé l'attention du Jury : il est peut-être plus complet,

et à coup sûr plus chaud que celui de son
compétiteur ; — on sent le poète dans l'é-
crivain ! — mais l'étude de M. Duclos est
plus académique, plus châtiée ; le style en
est plus sobre, et enfin l'auteur s'est stricte-
ment renfermé dans les limites imposées.
Le parallèle qu'il établit entre Victor Hugo
Lamartine et Musset nous a paru plein de
saveur, et son appel aux amis de l'Idéal ne
pouvait que nous plaire.

Le deuxième mémoire ayant toutefois fort
peu d'écart avec le premier, le Comité a
trouvé juste de créer un second prix pour
M. Peiffer.

Un accessit a été ensuite accordé à M.
Alexandre Vollard dont l'étude renferme
des détails très intéressants, mais qui occu-
pent une trop large place, en raison des
proportions de l'ensemble. On peut dire,
du moins, que notre confrère s'est laissé
entraîner ainsi parce qu'il connaît à fond
tous les ouvrages de Victor Hugo.

Trois auteurs ont, en outre, été l'objet
d'une citation : MM. Eydoux, Petitjean et
Rousseau, et deux autres encore, MM. Sar-

thou et Bonfils-Lapouzade, qui les suivent de très près, méritent un encouragement..

Tous ces écrivains ont pris pour base de leur travail la *louange* du maître; quelques-uns ont même forcé la note admirative et n'ont pas osé faire la moindre réserve..... Tel n'est pas le cas de M. Eugène Alberge dont l'étude est avant tout critique.

Faire preuve d'indépendance, c'est bien; avoir en tout et partout le courage de ses opinions, c'est beau ! mais il faut se garder avec soin de se laisser entraîner par son propre mouvement.....

Pour un écrivain, il y a une sorte de *vitesse acquise* : parti d'une idée, il la développe d'abord posément, mais il ne tarde pas à s'animer et, s'il n'y prend garde, sa plume finira par trahir sa pensée.

M. Alberge a commencé par critiquer, et... il a un peu trop continué de même !

ODES

Le prix du genre a été attribué à M. Joseph Cayrou dont la pièce est très gracieuse et renferme des images véritablement poétiques.

M. Bossanne, qui a obtenu le second prix, a déploré en vers émus, à la fin de son œuvre, que la Religion n'ait pas escorté le cercueil de Victor Hugo.

Il fallait peut-être quelque courage pour exprimer ce regret dans une ode en l'honneur du poète, et cette indépendance de vues n'a nullement déplu au Jury.

D'autre part, la tendance de quelques auteurs à laisser deviner leur foi politique ne nous a pas empêchés de les récompenser selon leur mérite.

Il est bon qu'on le sache, en effet : nous sommes avant tout des esprits libéraux, aimant et pratiquant l'indépendance, et respectueux de toutes les convictions sincères.

La discussion, la lutte même, ne nous déplaît pas, pourvu que les armes soient courtoises et que la défense des principes n'entraîne pas à des attaques blessantes contre les personnes.

C'est sur ce terrain du libéralisme bien compris que nous pouvons tous nous tendre la main. Fraternité ne veut-il pas dire avant tout : tolérance ?..

M. Adolphe Rousseau, titulaire du premier accessit, a certainement détaillé l'œuvre de Victor Hugo mieux qu'aucun autre poète : son ode est une véritable étude philosophique à laquelle on a seulement reproché quelques peccadilles de forme et, çà et là, peut-être un peu d'obscurité.

De même, l'ode de M. le docteur Dubrac, fort bien conçue, et dont la fin surtout est pleine de souffle poétique, n'était pas exempte de quelques négligences de forme qu'il a suffi de signaler à notre confrère, mais dont nous avons dû tenir compte dans notre classement impartial. Une observation encore : pourquoi n'avoir pas adopté pour toutes les strophes de six vers la disposition de rimes généralement en usage ? A mon avis, rien ne donne de la précision et de l'harmonie à la strophe comme ce sixième vers rimant avec le troisième. Mais, ces légères critiques formulées, nous n'en restons pas moins en présence d'une œuvre de valeur, et nous saluons en M. le docteur Dubrac un vrai poète.

La pièce de M. Abel Golmot a moins d'ampleur et de méthode ; la pensée est parfois vague, mais empreinte de fraîcheur ; on devine que l'auteur est imbu des saines traditions classiques et qu'il se formera. Nous l'encourageons très volontiers, ainsi que M. Laborie qui, après lui, a obtenu une mention.

Il est bien dommage que l'ode de madame Amélie Moissonnier n'ait pas eu un peu plus de développement ; nous lui eussions volontiers accordé mieux qu'une Mention honorable, car les pensées qu'elle reflète sont nobles et généreuses. Avec son cœur de femme et son âme de Française, Mme Moissonnier s'est surtout attachée à faire ressortir le côté humanitaire et patriotique des œuvres de Victor Hugo, et ses strophes seront certainement lues avec intérêt par tous ceux qui attachent du prix à la sûreté du jugement plutôt qu'à l'éclat de la forme.

Une citation maintenant à Mlle Burnand dont les vers ont toujours un grand charme mélancolique, et un encouragement à MM. Petitjean et Bougival, avant de passer aux sonnets.

2.

SONNETS

Ici, nous arrivons à la partie faible du Concours, soit que les concurrents aient oublié que le sonnet demande une grande perfection de forme, soit qu'ils aient envisagé le sujet sous un point de vue trop spécial.

Certes, nous comprenons qu'il n'était guère possible de mettre fortement en relief, dans un tel cadre, la grande figure de Victor Hugo; mais du moins pouvait-on l'esquisser à grands traits, et c'est ce qu'ont fait quelques-uns de nos auteurs.

M. Marius Elledé a réussi à caractériser suffisamment l'œuvre du maître, forme et fond, dans des vers qui ne manquent ni de force ni d'ampleur, et le prix lui a été décerné.

Après lui, MM. Auguste Renard et Eugène Alberge ont obtenu un accessit.

L'idée finale exprimée par M. Renard est très poétique ; mais les rimes *refroidie* et *génie* sont un peu faibles pour cet ouvrage d'orfèvrerie qu'on appelle un sonnet; peut-être aussi la forme élégiaque enlève-t-elle quelque chose à la saveur de son œuvre dont on a surtout apprécié l'élégance.

M. Alberge s'est de nouveau placé sur le
terrain de l'analyse ; mais le poète semble
avoir pris à tâche de faire pardonner au critique son excès de sévérité : tellement il est
vrai que la poésie élève l'âme et la dispose
à la mansuétude !

Les vers de notre confrère sont coulants,
mais il manque à sa pièce le trait final, ce
vers sonore et martelé qui doit être comme
le bouquet d'un feu d'artifice, et que MM.
Elledé et Renard ont su trouver.

M. Paul Mangin, qui a obtenu la première
mention, est toujours le poète sérieux, le
sage philosophe que nous connaissons ; il
s'est, toutefois, enfermé dans un cadre un
peu restreint, et c'est dommage !

Mme Mary Roger-Lacassagne, qui vient
ensuite, n'a voulu envisager qu'un chant de
l'œuvre du maître ; mais elle a mis tant de
cœur dans sa pièce que le Jury s'est laissé
toucher.

Le nombre des récompenses étant forcément limité, nous avons dû nous borner à
faire l'honneur d'une citation à un certain
nombre de poètes dont les sonnets sont loin

d'être sans valeur. Ce sont : · Mmes Jeanne
Brun et Marie Bertal, MM. Albarel, Eydoux,
Langlois, Drumez, Cayrou, Millard, Dubrac,
Hanotelle, du Fresnel, de Nerville et Lebeuf.

GENRE LIBRE

Moins gênée dans son essor, l'imagination
de nos poètes a pu se donner ici libre cours :
aussi les œuvres classées dans cette catégorie offrent-elles une assez grande variété.

M. Auguste Eydoux, a obtenu le premier
rang avec une pièce qui tient à la fois de
l'ode et de la dissertation philosophique :
c'est une étude approfondie de la pensée du
maître. Tour à tour lyriques, graves ou mor-
dants, les vers de ce poète ont de l'ampleur
et de la précision, et quelques-uns, formant
image, vibrent, sonores, ou s'échappent, gracieux, vers les hautes régions de la Poésie.

L'œuvre honorée du second prix, celle de
M. Louis Albarel, est une élégie de haut
style, dans laquelle la muse de notre Confrère a déployé majestueusement ses ailes,
interrogeant la Mort et cherchant à pénétrer
l'énigme de la vie future dans des strophes

qui ont rappelé à notre souvenir le grand poète des *Méditations*.

M. Edmond Lafargue a obtenu le premier accessit avec une chaîne de trois sonnets frappés au bon coin, pleins de souffle et de lyrisme, mais entachés d'un peu d'exagération.

La pièce qui a valu aussi un accessit à Mlle Jeanne Brun est une élégie un peu longue peut-être, mais touchante et poétique dans sa simplicité même.

M. Cayrou, dont le nom revient encore sous ma plume, est vraiment un poète de race, toujours gracieux et correct. Son dithyrambe sur *les Génies* a du souffle et de la profondeur philosophique.

Quoique moins habile versificateur, M. Ch. Bougival est aussi doué d'inspiration ; c'est un penseur dont les œuvres dénotent un esprit de suite précieux.

Donnons un encouragement à M. Jules Souchet, titulaire de la troisième mention, et passons à une œuvre plus originale, pleine de verve et d'humour : *Un grog Victor Hugo !* Il nous a semblé que ce poème héroï-

comique, de M. L. Durocher, terminerait à
merveille le volume en l'honneur du maître :
ce sera comme une fusée d'esprit français
qui viendra jeter sur l'ensemble du recueil
une lueur plus gaie, en faisant mieux ressortir la sereine gravité des autres pièces,

Une citation encore à M. Bossanne, pour
son groupe de deux sonnets, à M. Pierre
Duzéa, pour sa poésie pleine d'érudition,
mais un peu longue : *Victor Hugo chez les
morts*, et enfin à M. Ambroise Thévenin.

PRIX D'HONNEUR

Il ne me reste plus à parler que des deux
remarquables poésies qui ont valu à notre
confrère, M. Gabriel Leprévost, le prix
d'honneur du Concours.

C'est à dessein que j'ai réservé cette tâche
pour la fin, car M. Leprévost mérite vraiment
d'être mis hors de pair : c'est un poète de
forte envergure, martelant bien le vers, et
dont la pensée, quoique développée avec
abondance, conserve une grande précision.

L'une de ses œuvres est une ode : le poète
a pris son sujet de haut, il plane majestueusement ; mais il s'est un peu trop restreint,

sans doute afin de se réserver pour sa seconde pièce. Celle-ci est, en effet, capitale.

C'est un poème d'un souffle peu commun
dans lequel l'auteur nous montre V. Hugo
ayant lui-même la vision de son œuvre.
Certains passages touchent de fort près à la
politique ; mais ils sont empreints d'un patriotisme si débordant qu'on les pardonne
sans peine au poète.

Que nos félicitations les plus sincères
aillent trouver M. Leprévost au delà de la
Manche, puisque ses devoirs de professeur
n'ont pas permis à notre compatriote de
venir les recevoir ici, aujourd'hui !

Et maintenant, Mesdames et Messieurs,
merci encore une fois de votre sympathie,
merci de l'attention si bienveillante que
vous m'avez accordée, et permettez-moi de
terminer par un toast :

« Je bois à la mémoire de Victor Hugo,
« à l'union confraternelle de tous les amis
« de *la Province*, et au triomphe de l'Idéal
« et de la saine littérature ! »

LUCIEN DUC.

Imp. de la Soc. de Typ. - NOILLTIE, 8, r. Campagne 1re, Páris.

ŒUVRES COURONNÉES

VICTOR HUGO ET SON ŒUVRE

POÈME

Qui fut sur terre athlète est dans l'abîme archange.
(L'année terrible)

Vous dites : « Il n'est plus ! » parce que vous voyez
Les éclairs de ces yeux dans les ombres noyés,
Et ce corps étendu rigide sur la couche...
Parce qu'on n'entend plus sortir de cette bouche
Les accents inspirés que la terre écoutait,
Et parce que le luth qui sous ses doigts chantait,

3

Instrument merveilleux aux pures mélodies,
Gît, muet, à côté de ces mains refroidies,
Vous dites : « Il n'est plus ! toute vie a sa fin,
Et la mort a touché même ce front divin ! »

Non ! ce n'est pas la fin : c'est l'aube qui se lève,
C'est la réalité splendide après le rêve,
C'est le grand jour après la longue et sombre nuit,
C'est le ciel qui commence et la terre qui fuit,
C'est l'aigle qui longtemps captif sur une cime,
Dans l'espace infini reprend son vol sublime !

*
* *

Le grand poète avait parcouru son chemin,
Et las du jour présent, songeant au lendemain
Qui termine à jamais toute humaine souffrance,
Paisible, il attendait l'heure de délivrance,
Et sur sa face auguste on voyait par moment
Passer, dans un sourire, un doux rayonnement.
Ainsi qu'aux derniers feux tout l'horizon s'enflamme,
Une clarté sublime illuminait son âme
A l'heure où cette vie était près de finir,
Lui montrant le présent, le passé, l'avenir
Et le jour radieux de la vie éternelle.
L'esprit, tel qu'un oiseau qui bat l'air de son aile
Comme pour essayer la force de son vol,
Avide de gagner les hauteurs loin du sol,
Semblait s'être affranchi déjà de la matière.

Le poète revit son existence entière,
Comme s'il regardait, sur un sommet placé,
A ses pieds défiler tout le siècle passé
Où chacun de ses pas était une victoire,
Où chaque an, chaque jour évoquait sa mémoire,
Tout un siècle immortel de sa gloire rempli !

Il eut la vision du grand œuvre accompli.

* *

Il se revit enfant, déjà *l'enfant sublime*,
Gagnant d'un seul effort, comme l'aiglon, la cime ;
Plus tard jeune homme ardent et des splendeurs épris,
Charmant la Cité-reine et splendide, Paris,
Des accords de sa muse à la rime sonore,
Doux comme un son de luth, brillants comme une aurore !
Puis, penseur au front vaste où le drame a germé,
Le maître reconnu, par la foule acclamé,
Titan édifiant une œuvre sans pareille
Où revivent Eschyle et Shakspeare et Corneille,
Le poète à la douce et formidable voix,
Le grand consolateur, le défenseur des droits,
Des faibles, des vaincus, de l'opprimé qui souffre,
Appelant à lui ceux qui sont au fond du gouffre,
Tous ceux que l'on repousse et tout déshérité,
Des forts et des tyrans vengeant l'humanité :
Verbe auguste et puissant comme une voix d'apôtre
Qu'on entend retentir d'un bout du monde à l'autre !

* * *

Il se revit tribun au milieu du sénat,
Protestant devant tous contre l'assassinat,
Contre le guet-apens qu'on prépare dans l'ombre,
Contre les trahisons où la liberté sombre,
Démasquant l'imposture et défiant Sylla.
Où la lutte s'engage il accourt, il est là,
Mêlant son cri d'appel aux clameurs populaires
Et conviant Paris aux sublimes colères !
Puis fugitif, proscrit, isolé sur un roc,
Seul devant l'Océan, contemplant le grand choc
De la vague grondant au pied de la falaise,
Sommet d'où son esprit, se sentant mieux à l'aise,
S'élance vers l'espace et vers l'immensité.
Le tumulte du flot contre le flot heurté
Et les profondes voix de la mer infinie
Parlent à sa grande âme et bercent son génie.
L'Océan, devant lui roulant ses flots pressés,
Garde un reflet des temps et des peuples passés :
C'est l'éternel témoin des luttes de deux mondes,
Et les fleuves vassaux qui lui portent leurs ondes
Ont à ses eaux mêlé tant de sang et de pleurs
Qu'il sait tous les secrets des humaines douleurs.

Debout sur son rocher et sondant, de ce faîte,
Les abîmes béants, le voyant, le prophète
Retrace le tableau des âges écoulés :
Royaumes disparus, empires écroulés,

Peuples et rois, hochets de la tourmente humaine,
Et que son flux remporte ainsi qu'il les amène,
Le poète voit tout, redit tout, et ses vers,
Portés par l'ouragan, remplissent l'univers,
Du nord jusqu'au midi, du couchant à l'aurore,
De la vaste rumeur d'une marche sonore,
Comme si, réveillés par cette forte voix,
Les rois, les conquérants, les peuples d'autrefois
Reparaissaient soudain sur la scène du monde !

* * *

Mais son regard aussi sonde la nuit profonde
Et lit dans l'avenir l'évènement lointain.
Sa muse, dévoilant les secrets du destin,
Sur les coupables lance un terrible anathème,
Et leur prédit le jour du châtiment suprême.
Il leur montre les mots sur la muraille écrits !
Et troublés dans leur âme, affolés, déjà pris
De l'épouvantement qu'au bord d'un gouffre sombre
On éprouve, attiré malgré soi par cette ombre,
Ils vont à cet abîme, à l'expiation
Dont le barde avait eu l'horrible vision !

Mais, hélas ! à leur sort la patrie enchaînée
Tombe aussi, dans le gouffre avec eux entraînée.

*
* *

O douleur ! avoir vu, lorsqu'on était enfant,
L'aigle gaulois planer dans son vol triomphant
Sur Vienne, sur Berlin, Moscou, Madrid et Rome,
Avoir vu tous les rois, tous les peuples qu'on nomme,
Défiler en cortège à la suite du char
Où passaient acclamés la France et son César ;
Avoir été bercé par des chants de victoire,
Avoir vécu ces jours d'inoubliable gloire,
Avoir connu ce chef et ces fiers combattants,
Avoir vu ces combats des modernes Titans !..
Puis, après ces splendeurs, après l'apothéose,
La disparition tragique et grandiose
De l'aigle impérial qui semble, en s'abîmant,
Couvrir le monde entier de son rayonnement !

Avoir vu tout cela dans le passé sublime !

Et voir, au fond du gouffre entr'ouvert par un crime,
La France, ce géant aux éclairs dans les yeux,
Rouler avec le nain sombre, ignominieux !
Voir qu'il n'est rien resté, de cette France altière,
Qu'un cadavre couché sanglant dans la poussière
Et dont, comme un corps d'aigle attirant des corbeaux,
Les roitelets teutons s'arrachent les lambeaux !...

Oui, ce drame hideux accompli dans la fange,
Le poète le voit !.. Et sa muse nous venge !
C'est un chant irrité qu'il entonne aujourd'hui,
Car il sent dans son âme, il sent gronder en lui,

Devant de tels bourreaux, devant de tels supplices,
La haine de ces rois, de ces peuples complices,
De ces preux embusqués, superbes d'avoir pris
Par trahison la France, et par la faim, Paris !

Ah ! ces lâches succès de l'embûche et du nombre,
Triomphes de serpents qui se traînent dans l'ombre,
Victoires de brigands guettant au coin des bois,
Comme il les a flétris de sa puissante voix !
Au pilori honteux son vers vengeur les cloue ;
Et les deux empereurs, flagellés sur la joue,
Le semblant de César et le faux Attila,
Tous les deux côte â côte il les a placés là,
Afin que dans mille ans après l'âge où nous sommes,
L'univers sache encor ce qu'ont fait ces deux hommes,
Tout ce que ces deux noms résument de douleurs,
Et ce qu'au genre humain ils ont coûté de pleurs !
Il les a cloués là dans l'œuvre impérissable,
En les marquant au front du signe ineffaçable
Que portent à jamais, qu'ils soient rois ou bandits,
Ceux qu'en pleurant leurs fils les mères ont maudits !

* * *

Puis, sur Paris tombé qui résiste et qui lutte,
Ne pouvant accepter la honte de la chute,
Sur Paris plein encor de l'élan des combats,
Indigné qu'on le livre, indigné qu'on n'ait pas
Mieux guidé la valeur de son peuple stoïque,
Sur Paris égaré, mais toujours héroïque,

Il abaisse un regard de suprême pitié.
Ah ! la fatale erreur, l'atroce inimitié
Qui, divisant un peuple en factions contraires,
L'un contre l'autre met le glaive aux mains des frères !
Oui, cela nous manquait ! Il manquait, juste ciel !
Cet excès d'amertume à la coupe de fiel !
Il fallait que la France atteignit ce calvaire !

Alors une voix monte, attendrie et sévère,
Dénonçant la vengeance et demandant pardon :
Pardon pour la cité laissée à l'abandon,
Pour ce Paris meurtri qui n'est plus qu'une plaie
Et que la France, hélas ! a remis sur la claie ;
Et cette voix, chassant l'inimitié des cœurs,
Finit par imposer la clémence aux vainqueurs.

*
* *

Les ans passent : le temps, marcheur que rien n'arrête,
Sans pouvoir apporter l'oubli de la conquête,
Efface de nos champs les pas des étrangers
Et couvre de moissons les sillons ravagés.
Dans cet apaisement, la France se relève ;
Elle reprend sa force et retrempe son glaive,
Non le glaive maudit des combats intestins,
Mais l'arme qu'au grand jour marqué par les destins,
Pour punir l'oppresseur on verra luire encore.
Le poète prédit cette nouvelle aurore ;

Il sait que l'avenir vengera le passé ;
Et calme, confiant, par ce rêve bercé,
Mais las de ses longs jours, l'aïeul à tête blanche,
Courbant son front pensif, sur l'infini se penche :
Il le sonde, il y voit, par delà le tombeau,
Le pur rayonnement du vrai, du grand, du beau
Dont il eut ce reflet qu'on appelle génie ;

Et c'est là qu'il s'en va, son œuvre étant finie.

* * *

A pas silencieux entendus de lui seul,
Le messager divin s'approcha de l'aïeul
Et, bas, lui murmura les mots pleins de mystère
Que le ciel mande à ceux qu'il reprend à la terre.
Ainsi qu'un voyageur au terme enfin rendu,
Le poète sourit à l'appel attendu,
Et levant à-demi sa tête vénérée,
Pour tous les siens en deuil, pour la France éplorée,
Dans un dernier regard mettant tout son amour,
Avec l'ange il monta vers l'éternel séjour !

GABRIEL LEPRÉVOST.

ODE

Quand nous en irons-nous où sont l'aube et la foudre ?

Victor Hugo.

———

Victor Hugo n'est plus ! et le regard sublime,
Qui sondait à la fois et les cieux et l'abîme,
    A jamais est voilé !
La voix douce et puissante à jamais est muette !
Vers le grand Infini rêvé par le poète,
    L'esprit s'est envolé.

Notre siècle était plein de son immense gloire ;
Il l'avait parcouru de victoire en victoire,
    Pareil aux conquérants,
Laissant à chaque pas une empreinte éternelle ;
Mais son génie enfin a déployé son aile
    Pour des essors plus grands.

Las de fouler le sol, même celui des cimes
D'où, triste, il contemplait les erreurs et les crimes
    Ici-bas déchainés,

Il a repris son vol vers les hauteurs sereines
Où vivent, consolés des misères humaines,
        Les bardes, ses ainés.

Il est avec Homère, avec Shakspeare et Dante,
Tous les chantres divins à la parole ardente,
        Aux vers mélodieux ;
Dans le monde idéal des splendeurs infinies
Il a repris sa place auprès des grands génies,
        Anprès des demi-dieux.

Car il était de ceux que le ciel nous envoie
Pour relever les cœurs et nous montrer la voie
        Aux heures d'abandon ;
Car il était de ceux qui portent l'auréole
Et dont la foule émue accueille la parole
        Comme un céleste don.

Sa voix était si tendre et cependant si fière !
C'était comme la voix de la patrie entière ;
        Aussi, quand il chantait
Avec l'âme du barde et la voix de l'apôtre,
Ravi de ces accords que n'égalait nul autre,
        L'univers écoutait !

Il n'est plus ! lui qui fut notre plus noble gloire !
Il n'est plus ! et la France à peine encor peut croire
          A cet immense deuil ;
En le voyant si grand parmi les autres hommes,
Elle avait oublié qu'humbles ou grands, nous sommes
          Tous voués au cercueil.

La mort u moins n'a pu nous ravir sa pensée,
Sur l'airain et sur l'or à tout jamais tracée
          Comme un livre divin ;
Le poète survit dans ces sublimes pages
Et ses chants inspirés, à travers tous les âges,
          Retentiront sans fin !

                    Gabriel LEPREVOST.

PROSE

*Etudier l'œuvre littéraire de Victor Hugo
et son influence sur la littérature contemporaine*

———————

MÉMOIRE AYANT OBTENU LE PREMIER PRIX

> La mort, qui fauche tout, a frappé le grand chêne,
> Le poète immortel !
>
> (L. DUC.)

Lorsqu'on étudie les œuvres littéraires que notre siècle a fait éclore, trois grands noms frappent l'attention, se dégagent et brillent bientôt du plus vif éclat aux yeux de tout lecteur impartial.

Ces noms, est-il besoin de les prononcer ? Qui n'a deviné : VICTOR HUGO, LAMARTINE et ALFRED DE MUSSET ?

A eux trois, ils résument et complètent toute une pléiade brillante, nombreuse, de prosateurs et de poètes qui, sous l'étendard du *Romantisme*, ont opéré dans la littérature contemporaine une véritable révolution.

Mais le plus grand de tous, le *maître*, est sans contredit Victor Hugo.

Bien qu'il n'entre pas dans notre cadre de faire l'historique du Romantisme, la personnalité de Victor Hugo se lie si

étroitement à cette nouvelle école, dont il a été, du reste,
le promoteur et le grand pontife, que nous ne pouvons nous
dispenser d'en donner une succinte analyse et de présenter,
ne fût-ce que de nom, quelques-uns des disciples les plus
autorisés du maître.

Et d'ailleurs, énumérer ceux qui, entourant le char du
grand astre, ont bénéficié de ses rayons glorieux, n'est-ce
pas démontrer l'influence que Victor Hugo a exercée sur la
littérature contemporaine ?

Qu'est-ce donc que le *Romantique* ?

En quoi cette école — puisque école elle est appelée —
diffère-t-elle essentiellement du genre dit *classique* ?

Moins timoré dans sa forme, d'une allure plus franche,
le Romantique ne dédaigne aucun sujet. Mais, d'un esprit
plus pratique, d'une conception plus hardie, plus généreuse,
il semble avoir entrepris la réhabilitation de la nature dans
ce qu'elle laisse percer de laideur extérieure.

A la noblesse des comparaisons, à la périphrase musquée,
le romantique substitue volontiers le mot réel. Le classique
est clair, l'autre plus exact. Egalement riches, également
beaux, le classique rappelle le passé, le romantique a ses
yeux fixés sur l'avenir. Un souffle de libéralisme anime les
productions de ce dernier, semble le soutenir, l'encourager.

Le *romantique*, a dit quelque part un auteur, est au
classique ce que le *protestantisme* est au *romain*.

Tout en faisant nos réserves sur le fond même de cette
comparaison, nous admettons volontiers l'indépendance dont
la nouvelle école a fait preuve vis-à-vis de sa sœur ainée.

Quelque respect même qu'on professe à l'égard des Racine,
des Corneille, des Voltaire et des Jean-Jacques Rousseau, qui

pourrait, sans mentir, contester le mérite réel, les grandes qualités littéraires de poètes tels qu'Alfred de Vigny, Musset, Lamartine ; d'historiens tels que Mignet, Michelet, Thiers, Louis Blanc ; de romanciers, de critiques, et généralement d'écrivains de la valeur de Balzac, Méry, Théophile Gautier, Alphonse Karr, Sainte-Beuve, Jules Janin, George Sand, Jules Sandeau et du fécond Dumas ?

Toute cette noble et brillante phalange, à laquelle la postérité doit un nombre considérable d'ouvrages, et presque autant de chefs-d'œuvre, idolâtre du talent de son chef Victor Hugo, formait autour du *maître* à la fois un rempart et un cortège, cortège comme n'en posséda jamais aucun roi.

On se réunissait au domicile du grand poète. Là, sous les yeux du *roi* et de la *reine* de céans, pas de sceptre, la liberté ; pas de contrainte, l'affabilité, la concorde. On discourait de longues heures pendant la soirée : gaieté et bons mots n'y manquaient pas, et l'on ne se séparait que bien avant dans la nuit, pour recommencer le lendemain.

C'est de ces *Tuileries* de *l'intellect,* de ce cénacle de l'esprit et de l'indépendance que sont sorties ces œuvres qu'on appelle : *Cinq-Mars, Stello, Sous les tilleuls, Clara Gazul,* les *Contes* de Musset, *la Mare au diable, Consuelo, Volupté, Mademoiselle de Maupin,* etc. etc.

Le foyer sacré fournissait à chacun une étincelle, qui devenait thèse sociale chez les uns, vers frappé, phrase martelée chez les autres et jusqu'à l'antithèse dont l'abus se montre dans *La vie et la mort,* par Th. Gautier, cet autre puissant coloriste. Du reste, *Albertus* n'est-il pas une imitation des *Odes et Ballades* de Hugo ; *L'âne mort ou la femme guillotinée*

n'est-il pas la reproduction du *Dernier jour d'un condamné ?*
Les *Impressions de voyage en Espagne* sont-elles autre chose
qu'une suite du *Rhin* ?

Mais, dira-t-on. pourquoi, contre qui ces remparts, cette
phalange d'hommes déterminés ?

Ah ! c'est que le temps est loin déjà où *classiques* et
romantiques, se déchirant à belles dents, se livraient entre
eux à des luttes fratricides ; mais qui pourrait dire ce que
celles-ci ont produit. de part et d'autre, de discussions inter-
minables, déchaîné d'imprécations, de colères vives, de
haines profondes ?

Les Horaces et les Curiaces, d'illustre mémoire, n'ont certes
pas déployé plus d'ardeur au combat, témoigné plus de désir
de vaincre. Et, lutte plus opiniâtre encore, ce n'est que
longues années après qu'enfin Hugo put se reposer sur ses
lauriers et goûter le doux fruit de la victoire.

Avec Casimir Delavigne s'éteignit, en 1843, le plus ardent
de ses adversaires. Déjà celui-ci, qu'impressionnait la défec-
tion des siens, avait abandonné le combat. Les autres, vaincus
ou réduits à l'impuissance, imitèrent peu à peu *de Conrart
le silence prudent.*

Nous avons dit, — et l'opinion s'accrédite chaque jour
davantage, — que de Victor Hugo, Lamartine et Musset,
le premier est le plus grand. Un parallèle va nous permettre
de mettre en relief les qualités essentielles de chacun d'eux.

Lamartine se recommande par l'abondance, la douceur
harmonieuse de sa *forme.* Le vers de Hugo est plus vif, plus
net, plus précis. Le premier plane et semble se complaire
dans les régions éthérées ; le second, moins vaporeux, élève

sa voix au niveau des plus belles actions, des plus grands
sacrifices. Lamartine plaît, charme ; Hugo séduit, captive,
se fait admirer. L'un est bien, l'autre est beau ; l'un est
grand, l'autre sublime

L'auteur des *Harmonies poétiques* parle au cœur ; Hugo
s'adresse à la raison, à la passion, dans *Hernani, Ruy-Blas,
Le roi s'amuse.* Aux douceurs de la vie, ce dernier oppose
la rigueur des *Châtiments.* Il parle, il tonne, et sa parole,
tombant de haut, trouve un écho dans l'humanité tout entière
dont il est le plus vigilant, le plus ferme défenseur.

On peut encore définir Lamartine : le poète du *sentiment,*
le peintre de la *nature* ; Hugo, le poète des nobles aspira-
tions, des élans patriotiques, le peintre de la *création.*

Alfred de Musset participe des deux.

Moins grand que Victor Hugo, moins harmonieux que
Lamartine, il est plus doux que le premier, plus fort que
le second, plus *fin* et peut-être plus correct que les deux.

Mais Victor Hugo, avec sa phrase imagée, ses consonnances
sonores, son vers frappé, ses puissantes antithèses, dont il
abuse même, sa grande fécondité et sa longue existence,
restera évidemment la plus grande figure poétique de son
siècle auquel, à n'en pas douter, la postérité attachera son
nom.

Si maintenant, passant comme de la théorie à la pratique,
du précepte à l'exemple, nous examinons en détail *l'œuvre*
du maître, celle-ci nous apparaît rangée en trois groupes.

Au premier se rattachent toutes les productions de la
jeunesse de Victor Hugo : c'est la phase *militante.*

Le deuxième embrasse toutes les œuvres viriles du grand
poète : c'est l'époque *triomphante.*

Au troisième groupe appartiennent les œuvres de la dernière période, celles où la politique absorbe, pour ainsi dire, la poésie.

La phase militante commence vers 1818.

A cette époque, Victor Hugo avait moins de vingt ans. Trois victoires successives qu'il remporta à l'Académie de Clémence Isaure, lui valurent, avec le brevet de *Maître ès Jeux floraux*, le mot devenu célèbre de Châteaubriand : *enfant sublime.*

Bug-Jargal est le premier roman, en date, de V. Hugo : on dirait comme un accord plaintif échappé à la lyre de lord Byron.

Han-d'Islande, qui le suit de près, plaide en faveur du *beau dans le laid.* Il fut le signal de la lutte de géant dont nous avons parlé et dans laquelle le *Cromwel* littéraire, par sa préface surtout, qui venait de paraître, devait être presque aussi funeste à ses adversaires que le fut, pour les siens, le célèbre Cromwel politique.

Vinrent ensuite les *Odes et Ballades*, les *Orientales*, ces poésies si merveilleusement riches de coloris et que le public accueillit avec enthousiasme.

Mais c'est bien avec le théâtre que commence l'apogée de la gloire de Victor Hugo, l'agonie de ses antagonistes.

La première représentation d'*Hernani* (26 février 1830) fut plus qu'un succès : ce fut une ovation enthousiaste ; un instant, le parterre se trouva transformé en arène où classiques et romantiques en vinrent aux mains. La victoire cependant fut complète : le beau drame du poète où, dans de si beaux vers, se reflètent de si nobles pensées, fut acclamé ainsi que le nom de Victor Hugo.

Entre temps, parut *Notre-Dame*, ce roman historique, ce monument littéraire au sujet duquel on ne sait s'il faut vanter plus la science profonde de l'auteur que son rare talent de style et de composition.

Longtemps encore, le *Quasimodo-monstre*, de son âme pure, de son œil vigilant, guettera du sommet de la tour Notre-Dame les *Claudes Frollos* de la société.

Le roi s'amuse, *Lucrèce Borgia*, précédèrent de peu *Ruy-Blas*, drame historique où est peinte si énergiquement la décadence de l'ancienne monarchie espagnole.

Enfin, les portes de l'Académie française s'ouvrirent à deux battants pour laisser passer Victor Hugo : c'était en 1841.

Si justice avait tardé de lui être rendue, du moins elle fut complète et Lamartine put, en le recevant, lui dire selon un critique : *Il y a ici deux Académies ; vous avez toute la grande pour vous.*

Peu après, parurent *les Burgraves*. Ce nouveau drame historique, si puissant, ameuta, dans un dernier effort, tout le *clan* classique contre Victor Hugo : Ponsard en était le meneur.

Les chants du crépuscule, *Les voix intérieures*, *Les rayons et les ombres* qui, à dater de 1835, virent le jour à quelques années d'intervalle, sont autant de perles fines de la couronne immortelle du maître.

Le Rhin, qui vint ensuite, est, sous forme de lettres, le charmant récit des excursions et des souvenirs d'un voyageur à la fois artiste et poète.

Le dernier jour d'un condamné (1829) *Claude Gueux* (1834) sont des plaidoyers en faveur de l'humanité, et comme le résumé de ce que, durant sa longue carrière, Hugo n'a cessé de soutenir et de défen.ire de toute la force de son génie.

Mais nous approchons de 1848.

Victor Hugo s'étant laissé entraîner par les événements politiques de cette époque troublée, dut quitter la France pour l'Angleterre.

Certes, nous ne sommes pas de ceux non plus qui, pour échapper à l'exil, accepteraient une soumission honteuse, contraire à nos principes ; mais, en écrivain impartial, il nous faut bien reconnaître que la muse de Victor Hugo se ressentit plus d'une fois de son éloignement du sol inspirateur de la patrie.

Si les *Contemplations,* ces sublimes échos de son âme en deuil, et la première série de la *Légende des siècles,* cette brillante épopée, sont à la hauteur des meilleures productions du poète, on n'en saurait dire autant des œuvres qui virent le jour en dernier lieu.

Quelque mérite que l'on attribue aux *Misérables,* cette vaste composition sociale que tout l'univers connait, aux *Châtiments,* à *l'Année terrible* qui, certes, renferment des pages magnifiques, n'y a-t-il pas encore loin de là au temps où florissaient *Hernani* et *Notre-Dame ?*

Même dans les ouvrages du maître qui ont eu moins de succès, nous retrouvons toujours l'empreinte ineffaçable de son génie ; seulement, la forme y est moins châtiée et la pensée n'y revêt pas constamment cette clarté fulgurante qui sut tant de fois nous captiver.

Comme tout astre, Victor Hugo a eu son déclin, mais un déclin glorieux encore, et ce n'est pas amoindrir sa grande figure que de le reconnaître. Corneille n'a-t-il pas produit, dans sa vieillesse, des œuvres bien ternes à côté du *Cid* et de *Cinna* ? Et pourtant, il est et il restera aux yeux de tous : le grand Corneille !

Nous ne devons étudier ici que l'œuvre littéraire de Victor Hugo ; mais si l'homme politique échappe à notre appréciation, il nous sera du moins permis de rendre justice à la sincérité de ses intentions tout humanitaires. Comme il a suivi de près les événements de son siècle, il a vu ses misères, il a connu ses besoins, ses poignantes douleurs, et son cœur en a gémi, et sa voix a retenti. Lui jette qui pourra la première pierre ; mais assurément ce ne sera pas le pauvre qu'il recommanda toujours aux riches de la terre ; ce ne sera pas non plus cette femme tombée que son vers secourable encouragea au sortir du fossé ; ce ne sera pas, enfin, le proscrit auquel il consacra tant d'éloquentes défenses !

Quoi de plus généreux que les discours de Hugo en faveur de l'amnistie ; quoi de plus moral que sa supplique au duc d'Orléans, de plus louable que son placet pour Barbès et sa lettre toute récente au czar à la justice duquel il a disputé la tête d'un condamné politique ?

Ces témoignages qu'on pourrait multiplier presque à l'infini, sont des preuves non équivoques de son profond amour de l'humanité.

Mais la mort nous a ravi ce grand penseur dont la vieillesse s'écoulait paisible et honorée, entre Georges et Jeanne, dans un coin verdoyant du grand Paris.

Victor Hugo se meurt ! Victor Hugo est mort ! ce cri a retenti lugubrement d'un bout du monde à l'autre :

« La mort, qui fauche tout, a frappé le grand chêne,
Le poète immortel ! »

Pleure, France, pleure : tu viens de perdre *le plus sublime
de tes enfants* !

Nous ne savons plus quel auteur anglais devant qui on
vantait les plus grands talents du XVIIe siècle, trouvait à
chacun d'eux un génie anglais correspondant, mais qui,
arrivé à Molière et ne sachant plus que dire, s'écria :

« Molière . . . Molière n'est pas seulement à la France :
il appartient au monde entier. »

Il en sera ainsi de Victor Hugo, et dût sa place être bientôt réoccupée, le même vide subsistera dans nos cœurs.

Nous ne terminerons pas cette modeste étude sans pro-
tester contre les abus qu'une certaine littérature tente d'abriter,
de nos jours, sous le manteau du romantisme.

Entre les disciples de V. Hugo et les *réalistes*, il ne saurait
y avoir ni confusion ni compromission.

Les uns représentent la liberté avec tous ses apanages de
grâce et de beauté : les autres, la licence avec son hideux
cortège de honte et de dégoût.

Aux romantiques donc, à tous les partisans de *l'Idéal*,
incombe le devoir de tenir haut et ferme le drapeau des
pures traditions du maître et de ne pas laisser tomber dans
la boue les salutaires principes du bon goût et de la morale.

VICTOR DUCLOS.

A VICTOR HUGO

I

A ces heures d'extase où fleurissent nos rêves,
Où nos cœurs sont emplis de généreuses sèves,
    Notre âme étend ses ailes d'or,
Et lasse d'affronter la Fortune orageuse,
Monte vers l'Infini, céleste voyageuse,
    D'un sublime et rapide essor.

O poète ! elle arrive aux régions bénies
Pays mystérieux habités des génies
    Qui rayonnèrent ici-bas,

Et nous les revoyons au loin par la pensée,
Heureux de nous mêler à leur foule pressée,
          Croyants attachés à leurs pas.

Tous ces élus, jadis, vécurent où nous sommes.
Ils allaient, inspirés, semant parmi les hommes
          De la lumière à pleines mains ;
Et le vieil univers oubliait ses désastres,
Leurs paroles ayant la majesté des astres
          Qui font resplendir les chemins !

C'étaient ces noms fameux que l'Histoire révère,
Tes précurseurs voués à l'Idéal sévère,
          Les ouvriers au fier burin :
Après Eschyle, Dante ; après Dante, Corneille !
Ils sont partis laissant au monde la merveille
          De leurs vers taillés dans l'airain.

Mais nous avons gardé, fidèles, leur mémoire,
Et maintenant, près d'eux, environné de gloire,
          Tu te recueilles, à ton tour,
Nous léguant le trésor de tes œuvres superbes.
Tel un vieux moissonneur dort, penché sur ses gerbes,
          Quand arrive la fin du jour.

Quel accueil ont-ils fait à leur illustre frère ?
Quelles mains ont pressé la tienne, et quel tonnerre
    A grondé pour toi dans les cieux ?
Tu manquais aux vainqueurs qui peuplent cet empire
Où tu règnes ayant pour commensal Shakspeare,
    A la table auguste des Dieux.

II

N'as-tu pas reconnu les réalités mêmes
De ces types divins épars dans tes poèmes,
    Souriant à leur créateur ?
Elles formaient sans doute un immense cortège
Et t'ont fêté, penseur à la barbe de neige,
    Comme on fête un triomphateur.

Hernani, Charles-Quint, Ruy Blas et Don Salluste,
Le farouche Ratbert et Cimourdin le Juste,
    Claude et Jehan sont-ils venus,
Et tes yeux, embrassant ton œuvre surhumaine,
Ont-ils vu Dona Sol causer avec Chimène,
    Le Cid avec Eviradnus ?

Ont-ils retrouvé ceux qui, dans ton épopée,
Au service du faible usèrent leur épée ?
    N'as-tu pas aperçu Roland ?

4

Roland qui, pour sauver Nuno, roi de Galice,
Seul, avec Durandal descendit dans la lice
　　　Sous le soleil étincelant ?

Ces preux devaient avoir auprès d'eux Josiane,
Déa, dont Praxitèle eût jadis fait Diane,
　　　L'espiègle et folle Casilda,
Déruchette, une fleur, et Cosette, une aurore.
N'as-tu pas entendu le tambourin sonore
　　　De ta filleule Esmeralda ?

Certes, si la genèse en toi esprit éclose
Assistait, radieuse, à ton apothéose,
　　　Ce fut un merveilleux moment.
Et si ce n'est qu'un songe admirable, qu'importe ?
La Muse t'attendait sur le seuil de la porte
　　　Et t'a conduit au firmament.

D'ailleurs, tu n'as pas fait de rêves éphémères :
Nous les conserverons, tes magiques chimères,
　　　Et tes vers, exquise chanson.
Tu peux recommencer, dans la paix éternelle ;
Tu peux, comme Moïse, abaisser ta prunelle
　　　Sur les feux d'un autre buisson.

Car tu vois à présent les effets et les causes,
Poète, et des sommets altiers où tu reposes,
    Tu domines la Vérité ;
Tandis que nous, tes fils, devant ta place vide,
Nous que n'a pas encor frappés la Mort avide
    Sur le flot toujours agité,

Sentant que jusqu'à toi s'élance notre hommage,
Nous invoquons avec douleur ta grande image,
    Le cœur plein de ton souvenir.
Hélas ! lequel de nous, sur le champ de bataille,
Pourra-t-il ajuster ton armure à sa taille
    Et commander, à l'avenir ?

III

Tu nous dépassais tous au milieu de l'arène :
Ainsi, dans la forêt verdoyante, le chêne
    Etend de vigoureux rameaux
Où l'on entend, le soir, des bruits d'ailes sans nombre,
Et l'arbre centenaire abrite sous son ombre
    La jeune cime des ormeaux.

Mais un jour a suffi pour te frapper, ô maître !
La foudre, sur le sol, a renversé l'ancêtre,
    Les temps heureux sont bien finis,

Et finis sont les chants des fauvettes craintives
Qui vont mirer leur aile au courant des eaux vives :
  L'arbre est mort... c'est l'exil des nids !

Mourir ! ainsi le veut l'amère destinée !
O deuil ! soyez une âme à bien faire obstinée,
  Des maudits, écoutez l'appel,
Aimez ! que de vos mains, sans compter, l'amour tombe,
Vous n'en irez pas moins comme tous à la tombe,
  Brisé par le bras éternel !

Eh bien, puisque la mort est une loi suprême,
Qu'il soit permis, du moins, de pleurer ceux qu'on aime
  Et que nous ravit le tombeau.
De l'oubli, sur leur front, ne jetons pas le voile :
Ils eurent la bonté pour guide, et pour étoile
  Ils avaient le culte du Beau !

Pleurons-les ; et pourtant, leur semence féconde,
Eux partis, va germer, régénérant le monde ;
  Et, plus admirables encor,
Notre nuit reverra ces flambeaux apparaître,
Rayons dont la beauté se voile pour renaître
  En un faisceau de flèches d'or !

IV

Père, qui dans l'abîme insondable as pris place,
Laisse tes fils pieux, attachés à ta trace,
          Se redire ton nom béni.
Tu leur montras la route : en cette heure choisie,
Regarde s'élever vers toi leur Poésie
          Dans la splendeur de l'Infini !

JOSEPH CAYROU.

✣✣✣✣✣✣✣✣✣✣✣✣✣✣✣✣✣✣✣✣✣✣✣✣✣

L'APOTHÉOSE

Une chose, ô Jésus, en secret m'épouvante :
C'est l'écho de ta voix qui va s'affaiblissant !
V. Hugo.

Vous êtes donc parti, maître au divin génie !
Vous êtes donc entré dans la paix infinie
    Réservée aux grands cœurs !
Le monde vous a fait les belles funérailles
Qu'il accorde parfois aux héros des batailles
    Quand ils meurent vainqueurs.

Pour vous laisser dormir sous sa voûte guerrière,
L'Arc de Triomphe a mis sur ses héros de pierre
    Le voile noir du deuil ;
Puis, vers son Panthéon plus beau qu'un Capitole,
Paris a fait porter son immortelle idole,
    Froide, dans le cercueil.

Comme à Napoléon venant de Sainte-Héléne,
La foule ouvre à vos pas sa large vague humaine
    Et vous laisse passer !

Devant ces puissants morts, l'Empereur, le Poète,
Sa voix qui gronde avec des éclats de tempête
    N'ose se courroucer.

Les salves en tonnant, ont monté dans la nue
Quand le peuple debout, recueilli, tête nue,
    Vous murmurait : adieu !
Les drapeaux inclinés saluaient au passage,
Maître, quand vous avez commencé le voyage
    Qui se termine à Dieu !

* * *

Parmi tes fils ô France auguste,
Est-il un nom plus triomphant ?
Non, ces honneurs, pour être juste,
Tu les devais à cet enfant !
Ce cortège, ces saintes larmes,
Ces saluts de drapeaux et d'armes,
Ces fanfares, ce long baiser
D'une mère en deuil, la Patrie,
A qui la consola meurtrie,
Ne pouvait pas les refuser !

Non, non, car le siècle où nous sommes.
Sans qu'un seul beau nom soit jaloux,
Le nomme premier ; ses grands hommes
L'ont proclamé grand entre tous.

Rêveur, proscrit ou patriote,
Le cœur saignant, la tête haute,
Lorsque tremblent les nations,
Il passe en·mêlant sa voix forte
Aux éclats de foudre qu'apporte
Le vent des révolutions.

Poète, il voit Dieu dans l'aurore
Nous regarder, puis il l'entend
Nous parler dans le chant sonore
De l'oiseau sous l'arbre géant.
Son aïeul, c'est le vieil Homère ;
Il salue avec le mot : frère,
Dante qui revient de l'enfer ;
Il sait tout ce que savent dire
Et Virgile au calme sourire,
Et Juvénal au rire amer.

Proscrit, il porte des ruines
Qui font fléchir ses pas tremblants.
Le deuil enfonce les épines
Qui pèsent sur ses cheveux blancs.
Devant la dernière demeure
Où les siens couchés avant l'heure
Dorment tous pour l'éternité,
Son cœur trop plein un jour s'épanche ;
Mais le lendemain il se penche
Pour consoler l'humanité.

Patriote ! quand les morsures
De l'aigle noir au double front
T'ont fait gémir sous des blessures
Comme on gémit sous un affront,
O mère ! sa main frémissante
Déchira ta robe sanglante
Pour nous montrer ton flanc ouvert,
En disant à travers des larmes :
« Enfants, quand vous aurez des armes,
N'oubliez pas qu'elle a souffert ! »

**

Aussi, tous ont voulu s'incliner en silence :
es savants, les soldats, tous les fils de la France.
            Nous, rêveurs inconnus,
Qui n'aimons pas le bruit des foules et des villes,
Nous avons su quitter nos champs, nos bois tranquilles,
            Et nous sommes venus !

Car nous ne pouvons pas oublier son sourire
Qui, pareil au divin amour, semblait nous dire :
            Venez à moi, petits !
Car son beau crépuscule a fait sur notre aurore
Tomber plus d'un reflet qui réchauffe et colore
            Ses rayons engourdis.

* * *

Que toute nation réclame
Le droit sacré de t'honorer ;
Qu'une parcelle de ton âme
Aille à quiconque sait pleurer,
C'est juste, car toute la terre
A reçu ta parole austère
Laissant tomber la vérité.
Chacun sait que ton agonie
Est une éclipse de génie
Qui pèse sur l'humanité !

Les brillants flambeaux dont s'éclaire
Le rêve aux vœux inassouvis,
Savent bien que par ta lumière
Leurs rayons furent obscurcis.
Notre temps, parfois noir et sombre,
Aux siècles qui dorment dans l'ombre
Comme aux siècles à naître, dit :
« Mon front est dans la nue immense,
« Car Bonaparte me commence
« Et Victor Hugo me finit ! »

Mais aux jeunes, mais aux poètes
Qui te feront régner sur eux,
Le dernier adieu que tu jettes
Donne un frisson plus douloureux.

J'ai regardé l'humble suaire
Comme la France, cette mère
Qu'on entendait se désoler ;
A côté de la fosse neuve,
Comme la gloire, cette veuve,
J'ai laissé mes larmes couler.

* * *

Mais, en courbant mon front, j'écoutais dans mon âme
Une plaintive voix qui murmurait : « Hélas !
« Pourquoi n'entends-je pas l'airain de Notre-Dame
        « Sonner aussi le glas ?

« Pourquoi ne voit-on pas, portant l'étole noire,
« Les prêtres asperger d'eau sainte le cercueil ?
« La Foi chrétienne, ainsi que la France et la Gloire,
        « N'est-elle pas en deuil ? »

Poète, si votre ombre, en ce moment suprême,
A pu compter les cœurs touchés d'un saint émoi,
Vous avez vu le mien saigner. Puisqu'il vous aime,
        O maître ! dites-moi

Pourquoi, lorsqu'à défaut de leur blanche bannière
Qui vous aurait, pieuse, abrité sous ses plis,
Les grands noms d'autrefois, sur le drap de la bière
        Jetaient des fleurs de lys ;

Quand les aigles pensifs de la place Vendôme
Tremblaient en vous voyant porter au noir caveau,
Comme si l'Empereur, ce demi-dieu fantôme,
        Etait mort de nouveau !

Lorsque pour vous bénir, sans le dédain qui froisse,
Le vieil honneur français, la jeune liberté,
Côte à côte marchaient, et dans la même angoisse
        Oubliaient leur fierté,

Ces deux filles du ciel qui vous ont fait poète :
L'Espérance qui parle aux petits, et la Foi,
Et le Christ qu'implorait votre mère inquiète,
        Manquaient-ils au convoi ?

Je n'aurais pas voulu voir mourir sans prière
Celui qui murmura « la Prière pour tous »,
Celui qui nous montra les fanges de la terre,
        Et le ciel en courroux !

Certes, le monde entier qui regarde la France
Accorder le triomphe à son glorieux mort,
Ce cortège, ces fleurs, cette douleur immense,
        Ces pleurs d'un peuple fort,

C'est beau ; mais une chose en secret m'épouvante :
C'est, sur les grands tombeaux, la croix qu'on ne met plus,
C'est Hugo qui s'endort dans la tombe béante,
        Sans appeler Jésus !

                              HENRI BOSSANNE.

ÉLOGE DE VICTOR HUGO

Le pays qui l'a inspiré peut être assuré de revivre,
(Paul de Saint-Victor)

I

Hugo ! fils d'un soldat, ton enfance sublime,
De lumière baignée, a contemplé la cime
    Des monts et des palais !
La Corse et l'Italie, au soleil magnifique,
Ont doré ton esprit ; mais brillant et magique,
    Il demeure français.

L'originale Espagne a pétri ta pensée
Déjà vers l'Idéal, tendre et pure, élancée,
    Apte à tout recevoir ;
Burgos et Ségovie, aux souvenirs tragiques,
Gravèrent dans ton cœur des portraits héroïques
    Que le temps fit mouvoir.

L'accent mâle du Cid passe dans ton fier style ;
« Tu restes grand d'Espagne » en égalant Eschyle,
       En dominant Zénon !
Mais ta muse est fidèle et ta gloire est la nôtre ;
Ce siècle de progrès — n'es-tu pas son apôtre ? —
       S'appelle par ton nom.

Comme Eschyle, dédie au Temps une œuvre immense !
Tu recherches la lutte : on te raille, on t'encense...
       Toi, tu combats toujours ;
Impassible, invaincu, drapé dans ta bannière,
Ils vont te mordre au cœur ! un pli de ta paupière
       Disperse les vautours.

Le Romantisme naît : la Tragédie antique
Fuit avec son pathos, avec sa rhétorique ;
       Ah ! voici la clarté :
Roulez dans la poussière, et confidents et songes !
La vie étreint le Drame, elle abat les mensonges
       Et la froide Unité.

Shakspeare, le premier, repoussa dans la tombe
Les pâles revenants d'un autre âge qui tombe
       Dans la profonde nuit...
Sonne, sonne du cor, Hernani ! vois : tout croûle !
Electre, Iphigénie, et l'incolore foule
       Des faux Smerdis s'enfuit.

Dona Sol est la femme aimée et que l'on aime,
Et la reine et l'esclave, elle est le doux poème
  Qui chante dans le cœur !
Cette amante ingénue et se trouble et se pâme,
Mais loin de ton regard elle est froide, et son âme
  Dédaigne un empereur.

II

Ton beau théâtre se déroule :
Il évoque sages et fous,
La Foi, la Jeunesse et la foule
Des monstres qui hurlent en nous.
Tu vois la perle dans la fange,
Et, dans la courtisane, l'ange
Qui veille au fond du cœur humain ;
Du Pardon tu fais un poème !
Marion s'humilie, elle aime :
Didier peut lui tendre la main.

Fantasmagorique et terrible,
En plein enfer du Vatican,
Tu viens clouer Lucrèce horrible
Et son père, un pape, au carcan !
Dieu t'appelle : tu cours, tu marques
Au fer rouge grands et monarques ;

C'est toi. le noble justicier !
Bondis, ô lion de l'Histoire !
Sur les fronts où rougit la gloire,
Imprime tes griffes d'acier !

S'il le faut, violent et sombre,
Ressuscite un crime passé ;
Fais vivre la Tudor et l'ombre
Du bûcher sinistre dressé !
L'infâme est sanglante et tragique,
Mais, ce monstre diabolique,
Tu le pressens humain un jour ;
La maîtresse n'est plus la reine...
Jane la fait pleurer ! sa haine
Fuit, vaincue aussi par l'Amour.

Un valet se métamorphose,
Ton Ruy-Blas est transfiguré !
Il est le plus digne : qu'il ose
Aimer la reine, être adoré !
Oui, que « le ver aime une étoile, »
Que le laquais relève un voile
Royal, lui, « l'homme de néant ! »
Eh ! ce n'est point une ironie :
La couronne s'offre au génie,
Le nain se relève géant !

Celui qui déshonore un trône
Doit s'effacer devant l'esprit !
Ruy-Blas fait encore l'aumône
A la reine qui lui sourit ;
Ce qu'elle a dans son cœur de femme,
Incompris du roi, vient à l'âme
De son frère mystérieux ;
Et c'est le doux frère qu'elle aime,
Oublieuse du diadème
En prenant à témoin les cieux !

III

Hugo ! qnand tu compris ce que disent les roses,
Les lèvres des enfants et le regard des choses,
      Au prophète inspiré ;
Quand tu vis que la Terre est la nourrice auguste,
Notre mère à nous tous, oh ! tu devins le juste
      Que le Monde a pleuré !

Ce fut ta mission de réveiller tes frères,
De flétrir au grand jour les haines et les guerres
      Complices du tombeau ;
Et, vainqueur de la Nuit, voyant des consciences
Sur nos sombres instincts, sur toutes les croyances
      De porter le flambeau !

Du haut de la nuée où l'Inconnu t'enlève,
Plonge dans nos bourbiers et retire le glaive
    De Pallas Athéné ;
Ce fier glaive du Droit que promenaient nos pères,
Nous le voyons : il brille, il venge les misères
    Du peuple infortuné !

Tu restes toujours grand parce que tu pardonnes !
« Dieu n'est que charité ! » Les Mars et les Bellones
    Sont des dieux inventés ;
L'Être suprême est bon, le bon prêtre est sublime ;
La pure bienfaisance est encore à la cime
    De toutes les beautés !

Ouvre ta conscience, ô Valjean, ô mon frère !
Puisque ton cœur frémit, elle parle et t'éclaire...
    Le Ciel sourit d'espoir !
Entends rugir l'Instinct bouillonnant sous ton crâne ;
Aux sophismes menteurs de l'esprit qui ricane,
    Réponds par le Devoir !

IV

Quand rugit la terrible année,
Et Bleus et Blancs sont réunis ;
Le drapeau de l'Abandonnée
Les trouve rangés sous ses plis !

La Patrie en deuil les appelle !
Leur main tient le glaive ou la pelle,
Ou bien ils servent le canon...
Notre Strasbourg, notre Metz pleurent,
Violés ! Eux, tes enfants, meurent,
France ! pour l'honneur de ton nom

V

Hugo ! sur ton rocher, exilé, solitaire,
Tu conçus la Légende où le ciel et la terre
        Prodiguent leurs trésors ;
Libre, tu l'achevas dans ta ville adorée,
Et tu portas, vivant, la couronne sacrée
        Des plus illustres morts ?

« A l'œuvre, mon cerveau ! » disais-tu, grand génie !
Tu pensais, tu chantais, et des flots d'harmonie
        Ruisselaient de Paris...
« La France a son poème, » elle a son épopée
Infinie et superbe, éparse, entrecoupée,
        Foulant tous les débris,

Traversant l'Univers, les dogmes et les races,
Les tentes, les palais, les temples et des masses
        De peuples prosternés !

Oui, ta muse est l'écho qui parle après les âges,
Tantôt rasant le sol ou perçant les nuages,
        A nos yeux étonnés.

Elle écoute un oiseau, gronde avec la tempête,
Flagelle un empereur ou s'endort sur la tête
        D'un enfant nouveau-né ;
Et les Siècles émus vivent en quelques pages,
Et les jours d'Éleüs ne sont plus des mirages :
        L'Esprit est incarné !

Aborde le vieux Sphinx ! interroge ton âme,
Ose inquiéter l'ombre, et le caprice infâme
        Qui gouverne le Sort ;
Obsédé par l'énigme éternelle du monde,
Piétine l'orgueilleux et donne au ver immonde
        L'empire de la mort !

Au seuil de l'Infini, viens, sage invulnérable,
Viens et prie, en tremblant, l'Ignoré formidable
        Derrière Sirius !
Des soleils, des soleils traverse la poussière
Et plane, esprit vainqueur ! il n'est qu'une lumière,
        Qu'un seul vivant : Zéus !

VI

Haut les cœurs ! en avant ! courage !
Marchons, tenons tête à l'orage :
Celui qui croit ne tremble pas !
Le but, « la fin, c'est le mystère ! »
Mais, en croyant, le sage austère
Arrache son masque au Trépas.

Oui, la raison humaine flotte,
L'orgueil est un mauvais pilote
Qui nous conduit au doute amer !
Pascal fol, Hartmann « en détresse »
Et tant d'autres, après Lucrèce,
Nous plongent dans un autre enfer !

Les voix sublimes du prophète,
Du philosophe et du poète,
Répètent le verbe inspiré :
Toujours un luth divin frissonne !
A chaque siècle un clairon sonne,
Fier, entonnant le chant sacré !

Toujours quelqu'un lève le voile,
Et, les yeux fixés sur l'étoile,
Enseigne aux humbles le chemin ;

5.

Les volcans vomissent leur soufre,
Mais, pour fuir loin du sombre gouffre,
Un envoyé nous tend la main.

La Science, à bout d'hécatombes,
Nous frappe au cœur et, sous les tombes,
Elle veut enfouir l'Espoir !
Zéus fait signe à son apôtre...
Hugo ! ta foi devient la nôtre ;
Oui, dis à ta Jeanne : « Au revoir ! »

ADOLPHE ROUSSEAU.

ODE A VICTOR HUGO

A GEORGES ET A JEANNE HUGO
et à leur mère
MADAME EDOUARD LOCKROY

> Pour un siècle de gloire il suffisait d'un homme.
>
> V. Hugo.

I

Toi dont l'Europe encor porte le deuil immense,
Génie éblouissant comme l'astre du jour,
Apôtre du pardon, prêtre de la clémence,
Poète débordant d'universel amour,
Toi dont l'esprit donnait son essence divine,
Que va faire sans toi notre France orpheline ?

Ange de la patrie en ses jours de revers,
Toi qui rendais la vie à tout ce qui succombe,
Toi pour qui l'humble fleur valait un univers,
Toi qui n'insultais pas une femme qui tombe,
Toi qui croyais en Dieu, — dans ta sérénité,
Glane les épis mûrs de l'immortalité !

Pourtant, si du séjour des étoiles de flamme,
Phares d'or éclairant l'immensité du ciel,
Si de ces régions lointaines, où ton âme
Apaise enfin sa soif d'idéal éternel,
Tu demeures sensible à l'humaine mémoire,
Regarde tout un peuple enivré de ta gloire !

La Grèce n'a pas eu de spectacle aussi beau :
Vois, vois l'Arc-de-Triomphe et ses tentures noires !
Dans son cadre inouï rayonne ton tombeau,
Sous les plis des drapeaux et l'aile dès Victoires ;
Et, puissante rumeur, huit cent mille Français
Te forment un convoi comme on n'en vit jamais.

Ce n'est pas seulement la France, c'est le monde
Qui te pleure, incliné sur ton œuvre. ô géant !
C'est l'oiseau, c'est la fleur, c'est la forêt profonde,
C'est Guernesey désert, c'est surtout l'Océan
Qui, ne te voyant plus errer sur ses rivages,
Te redemande à Dieu dans des clameurs sauvages.

II

Dans les caveaux du Panthéon,
On vient de descendre ta bière ;
Jeanne et Georges, dans un frisson,
Disent tout bas : « Adieu, grand-père ! »

Il est tard, il fait presque nuit :
La foule se disperse et fuit.
Mais j'aperçois une couronne
Qne portent deux petits enfants ;
Elle est faite de fleurs des champs,
C'est la dernière... plus personne !

Oh ! ne t'éveille pas, Hugo ;
Silencieuse et solitaire,
Laisse flotter sur ton tombeau
L'ombre jalouse de Voltaire.
Dors, ô maître ! après soixante ans
De labeurs sans cesse éclatants ;
Et, laissant une empreinte fière,
Tu peux dans le temps infini,
Sous un laurier toujours béni,
Te reposer de ta carrière.

Cependant, poète ignoré,
Pour toi je veux prendre ma lyre
Où vibre le vers inspiré,
Je veux, dans un noble délire,
Chanter ta gloire à mille échos,
En allumer tous   flambeaux ;
Je veux descendre dans l'arène
Parmi d'illustres champions,
Pour te faire avec des rayons
Uue auréole souveraine !

III

Gloire, gloire au poète ! Artiste souverain,
C'est lui qui nous transmet, dans ses strophes d'airain,
Héritage sacré, les mœurs et le génie
D'un peuple : tout s'écroule et disparaît sans lui.
Les héros et les dieux se perdent dans la nuit :
Un peuple sans poète est un peuple sans vie.
Dans cinq ou six mille ans, c'est par toi seul, Hugo,
Qu'on saura ce qu'était l'homme de Marengo.

Lorsqu'en mil-huit-cent-deux, penché sur ses victoires,
Napoléon voyait, à travers tant de gloires,
L'empire rayonner dans son rêve effrayant,
Et comme il attendait, reposant son épée,
Le cerveau qui devait forger son épopée,
Tu nais dans Besançon, frêle, presque mourant,
Toi qui feras un dieu du géant des batailles,
Toi dont la muse en deuil suivra ses funérailles.

C'est toi qui, rehaussant la lutte des Titans,
Dont le pas sonne encor sur les anciens volcans,
Diras nos soleils d'or et nos combats néfastes :
Arcole, Marengo, la Moscowa, Bautzen,
Iéna, Friedland, Eylau, Wagram, Lutzen,
Hélas ! et Waterloo, cette ombre dans nos fastes,
L'exil et Sainte-Hélène et le dernier moment
Du vainqueur d'Austerlitz dans les bras de Bertrand.

Poète sans égal, prodigieux génie,
Plein de clarté profonde et d'amour infinie ;
Le siècle où tu naquis portera ton grand nom :
Ondoyant et divers, contemplatif ou sombre,
Tu fais comme un éclair jaillir le vers de l'ombre,
Et pour tout ce qui vit, compatissant et bon,
A l'oiseau qui bâtit tu donnes de la mousse,
A l'âme ténébreuse une lumière douce.

Salut, fier champion ! trois fois aux Jeux Floraux,
Tu cueilles les fleurs d'or et les lauriers nouveaux ;
Tu donnes, à vingt ans, à la France, ta mère,
Les odes où ton âme ardente s'allégea.
A ta large envergure, on devine déjà
L'aigle, roi des sommets, qui veut quitter son aire,
Et qui, pour déployer ses ailes dans l'air bleu,
N'attend qu'un vent propice et qu'un ordre de Dieu.

Mais avec ses couvents, ses églises gothiques,
Sa sombre poésie et ses Grands magnifiques,
Ta vieille Espagne en deuil te revenait au cœur :
Tu chantais Penaflor, Grenade, Barcelone,
Cadix, Burgos, Bivar. Madrid et Tarragone,
Tu grandissais toujours... Cependant, ô vainqueur,
Dans leurs rythmes puissants et leurs splendeurs royales,
On faisait un triomphe à tes *Orientales*.

Rival du grand Corneile avant d'avoir trente ans,
En ébranlant la scène avec tes vers tonnants,
Tu deviens la terreur des vieux lions classiques ;
Mais tous les jeunes gens, — fier bataillon uni,
Elite libérale — encensent *Hernani* ;
Tu mets une auréole au front des romantiques,
Tandis qu'en ton cerveau, ce foyer créateur,
Esmeralda sourit avec son air boudeur.

Ta muse aime à changer les fleurs de sa couronne,
Tu passes tout ému dans les *Feuilles d'automne*,
Emplissant de rayons ton âme de cristal,
Et dans les teintes d'or du *Crépuscule* vague,
Avec tes vers d'airain montant comme la vague,
Tu fais à la Colonne un si beau piédestal
Qu'on sent grandir en soi l'amour pour le poète,
En face du guerrier rayonnant sur le faîte.

Puis, sans cesse altéré de la soif de l'essor,
Voulant toujours voler plus haut, plus haut encor,
Evoquant, plein de rêve, assis sur des décombres,
Le spectre de tes ans descendus au tombeau,
Tu viens dans le bois sombre avec Olympio,
Etudier le jeu des Rayons et des Ombres,
Et revoir, en pleurant, tous les sentiers bénis
Ou tes songes d'amour allaient chercher des nids.

Plus tard, lorsque la vie, en filtrant goutte à goutte
A travers les chagrins, les plaisirs et le doute,
Dans ton cœur éclairé par cent mille rayons,
A ramassé ses eaux : en t'inclinant sur elles
Pour y chercher bien loin des images fidèles,
Tu trouves dans leur sein les *Contemplations*,
Ces espoirs, ces regrets, ces souris et ces larmes,
Ondulations d'âme aux invincibles charmes.

IV

Guernesey ! Guernesey ! C'est l'implacable exil,
C'est le renoncement au fond d'un cœur viril ;
C'est le fils séparé de sa mère qui pleure,
C'est l'abandon du nid où le regret demeure
Et c'est l'éruption des longs ressentiments
A travers le cratère en feu des *Châtiments*.

Fier comme Juvénal, sombre comme le Dante,
Le sublime exilé, les yeux remplis d'éclairs,
Faisant gronder sa voix qui traverse les mers,
Sur le trône et l'autel lance sa lave ardente,
Et, prophète inspiré, dévoilant l'avenir,
Montre le doigt de Dieu toujours lent à punir.

... Cependant il sourit... sa colère s'apaise,
En regardant dormir son ami l'Océan
Qui se recueille après les souffles d'ouragan,
Et couvre de baisers le pied de la falaise ;
Son esprit se remplit de douces visions,
Et pensif il revient aux *Contemplations*.

Puis, abordant bientôt le grand poème épique,
Allant d'Eve à Jésus et jusqu'au Jugement,
Il laisse à sa patrie une œuvre, (1) un monument,
Qui peut lutter avec l'épopée homérique,
Et qui de siècle en siècle, en grandissant toujours,
Comme un phare luira dans l'ombre de nos jours.

V

Sedan !... Après Sedan, le poète héroïque
Rentre dans Paris sombre avec la République,
Et lorsque le canon dans nos rangs fait des trous,
Il berce d'une main Jeanne et Georges qui pleurent,
Et de l'autre il écrit pour ses frères qui meurent
Un livre qui nous vaut une victoire à nous.

(1) « La Légende des Siècles »

C'est la terrible année, où la France vaincue
Voit rouler au ruisseau la colonne abattue,
Où dans la brume l'Arc se rapetisse au loin,
Où nos fidèles sœurs l'Alsace et la Lorraine,
Deviennent du Teuton brutal la proie humaine,
Devant toute l'Europe, insensible témoin.

Dès lors, le grand vieillard, dans Paris qui l'encense,
Jetant encor parfois quelque lueur immense,
Tout rayonnant de gloire et d'immortalité,
Dans sa vaste pensée et sa *Pitié suprême*,
N'a plus pour idéal, jusque dans la mort même,
Que l'amour de la France et de l'humanité.

VI

Et maintenant, pleurez, ô Muses, pleurez toutes,
Poussez de longs sanglots par des sanglots accrus,
Vous ne reverrez plus votre amant sous les voûtes
Ondoyantes des bois... Olympio n'est plus !....
Pleurez, petits enfants aux molles tresses blondes,
Pleure, vieil Océan, ton ami d'autrefois ;
Arbres, zéphyrs, oiseaux, solitudes profondes,
Pleurez !... Il n'est plus là pour répondre à vos voix !

A. DUBRAC.

A VICTOR HUGO

Je ne veux point troubler ton repos, ô grand homme
Endormi pour toujours sous le haut Panthéon !
Toi qu'avec un respect intérieur on nomme
Comme on nommait jadis le grand Napoléon,
Mais cependant permets à mon âme tremblante,
Qui des spectres de nuit sera toujours l'amante,
Permets-lui d'évoquer ton ombre du tombeau,
Pour qu'elle m'apparaisse et me répète encore
La splendeur de ce siècle et son fracas sonore,
Tout ce qu'il a d'impie et ce qu'il a de beau :

La Révolution à son seuil, et l'Empire
D'un grand rayonnement de gloire revêtu ;
Puis les trônes roulant, le sublime et le pire
Faisant gémir ensemble et gronder la vertu.
Voilà les bruits confus que l'âme du poète,
Comme un écho lointain répercute, inquiète,
En forgeant les grands vers de son isolement ;
Car, ainsi que la feuille au moindre vent s'agite,
Il nous donne à la fois, dans une page écrite,
Au recto, Chant de gloire, au verso, Châtiment !

Il est des sons plus doux, harmonieux murmure
Qu'on rencontre, rêveur, sur le front de l'Enfant,
Et ce front est empreint d'une beauté si pure
Que, du baiser du mal, lui-même il se défend,
C'est une fleur éclose au jardin de famille,
Avec tant de candeur dans ce regard qui brille
Qu'on lirait du divin dans l'azur de ses yeux.
Certe, il n'est pas méchant, son âme est toute belle ;
S'il paraît sans pitié, si sa main est cruelle,
C'est qu'il a délaissé quelque chose des cieux.

La Femme ! idéal saint méconnu du vulgaire,
Divin aimant du cœur, déesse des amours,
Principe de beauté, de bonheur sur la terre,
C'est la blonde Astarté dans la nuit de nos jours.
Celui qui sur son bras est penché comme un ange,
Ce reflet du front pur incliné, c'est l'archange
Pris un jour par la mère en se mirant dans l'eau.
Ainsi tu nous les peins, ô Maître, mon égide ;
Pour toi l'enfance est pure et la femme candide,
Et leur sacre s'étend de la bière au berceau.

L'Histoire t'apparut comme un livre qui s'ouvre
Sur de divins concerts, sur d'éternels printemps,
Et dans ta poésie, en tête, l'on découvre
Que la femme est sacrée à l'aurore des temps.

Comme une vision mon esprit sent éclore
Dans le ciel azuré ce grand soleil qui dore
La plaine, les déserts et les monts sourcilleux ;
De ses vives clartés il inonde ma tête,
Et comme l'arbrisseau pleure après la tempête,
J'incline un front rêveur à la face des cieux.

L'Orient, c'est le champ lumineux des étoiles,
Lustres des Chaldéens dans les sacrés plafonds ;
C'est du nomade Arabe un temple aux murs de toiles,
C'est Babel, gigantesque entassement de monts.
Orient ! tes rayons de pourpre, d'écarlate,
Qui surprirent un jour Ève aux rives d'Euphrate,
Ce sont ses blonds cheveux allongés en fils d'or.
Dans leur ruissellement ils enlacent la terre
D'un globe étincelant, d'un cercle de lumière
L'Orient ! — Le soleil semble en venir encor !

Hugo, ce monde est plein de souvenirs magiques ;-
Pour les redire il faut, génie oriental,
Le souffle qui t'anime en tes grandeurs épiques
Et les sublimes vers qui t'ont fait sans égal.
Qu'il menace. en effet, Kanut le parricide,
Qu'il poursuive Caïn, Caïn le fratricide
Fuyant, fuyant toujours la face du Seigneur,
Ou qu'il montre Roland dans une action chaude
Qui lutte au fond des bois pour avoir la belle Aude,
Ton vers est magistral, étonnant de hauteur.

Si ta lyre s'indigne aux malheurs de la Grèce
Et fait vibrer un chant, hymne de liberté ;
Si tu soutiens enfin la colombe qu'oppresse
Dans une étreinte impure un colosse indompté,
C'est que la péninsule en feuille de platane
Couchée ainsi qu'au bain l'indolente sultane,
A jeté dans le monde un nom retentissant ;
C'est qu'un Grec à Chio demande poudre et balles,
C'est que de preux marins ont bravé les rafales,
C'est qu'il faut à tout prix éloigner le Croissant.

Ainsi volent tes vers, pour célébrer la gloire,
Pour dire à l'avenir « épèle Canaris »,
Pour chanter tour à tour l'échec et la victoire
Et pour nous répéter ton grand nom, Botzaris !
Un nom plus grand encore à l'horizon se lève,
D'Alexandre et César on le dirait élève,
Mais il est leur émule et plus que leur égal.
Oui, je vois à ses pieds la gloire la plus grande
Et des siècles passés l'immortelle légende
Fournit quelques soldats dont il est général.

Napoléon !... Quel choc entre les deux génies !
L'aigle vole partout et par-delà les mers
Passe au sol africain fait de plaines unies ;
Son berceau, c'est la Corse et son champ, l'Univers.

Et toi que son génie a fasciné, poète,
Tu regardes d'en haut sur la plus haute arête.
Où ton œil le rencontre et produit un éclair.
Quant à nous qui voyons défiler dans l'espace
Cette apparition qui s'en va, qui s'efface,
Nous demandons d'en bas ce qu'en peut garder l'air.

Mais tu nous as conté longuement la bataille,
Les luttes des héros dans des champs glorieux,
Ces coups de nos soldats, géants d'une autre taille
Que ceux des temps futurs et que ceux des aïeux !
Et tu nous as redit la grandeur du fantôme
Dont les mains ont dressé la Colonne Vendôme.
Tout Arabe connaît le preux Bounaberdi :
L'ombre de ce colosse est l'ombre universelle ;
Aux replis de sa toge, un grand lustre étincelle ;
Il n'est, hors ses projets, aucun projet hardi.

Sur les plus hauts sommets, la foudre éclate et tombe ;
Tout homme qui vécut dort d'un sommeil profond :
Le héros maintenant est en paix dans la tombe,
Il ne demande plus ce que les hommes font.
Le touriste qui voit à l'or s'unir le bronze
Pour faire le berceau fameux : « mil-huit-cent-onze »
Redit tout le néant du grand Fontainebleau,
Car le fameux palais empruntait au grand homme,
A sa royale épouse, au frêle roi de Rome,
La vie aujourd'hui morte en ce morne château.

Hugo ! ce siècle éteint emporte ta lumière,
Un pur rayonnement éclipsant les aïeux,
Une vive clarté qui brillait sur la terre
Comme un reflet divin de ce qui brille aux cieux !
Mais ta grandeur est là : tes chants restent ; sublimes
Ils sauront nous montrer sur les plus hautes cimes
L'Idéal, le Progrès, cette marche en avant ;
Et sous le Panthéon, grandi par ta présence,
Des quatre coins du monde ainsi que de la France
Viendront, pour s'incliner, le penseur, le savant !

Ainsi, tu fus au seuil de cet âge de gloire,
Tu fus l'écho sonore et vibrant de ses voix ;
Et, dans la page d'or où t'inscrira l'Histoire,
On lira ton grand nom et ton siècle à la fois !
De ce siècle, en effet, dont lointaine est l'enfance,
Tu comprends, à toi seul, l'immortelle existence :
Enfant, « sublime enfant », tu marques son berceau ;
Vous grandissez ensuite et vieillissez ensemble
Pour disparaître enfin quand la mort vous rassemble,
Car dans ta tombe même, hélas ! est son tombeau !..

Abel GOLMQT.

LA MORT DU GRAND POÈTE

Autour du froid tombeau d'une épouse ou d'un frère,
Qui de nous n'a mené le deuil ?

(V Hugo)

Quel est donc ce vieillard que visite la foule ?
Tout Paris vient passer près de lui le front bas.
A l'horizon paraît comme une immense houle
    De pèlerins pressant le pas.
Sur un coussin de soie il repose, et sa tête,
    Comme pour une grande fête,
    Est recouverte de laurier !
Et l'on voit se mêler près du lit mortuaire
Aux plus riches habits à la coupe légère
    L'humble bure de l'ouvrier !

Une femme à genoux, calme et silencieuse,
Parfois vers le vieillard lève ses yeux en pleurs ;
Sur son visage on voit l'empreinte douloureuse
    Que donnent les vives douleurs !
Muse, dis-moi le nom, Muse dis-moi la gloire
    Qui tracent dans chaque mémoire
    Un sillon si large et si grand !
Est-ce un roi dont la mort a brisé la couronne,
Un empereur géant dont la terre est le trône
    Et que le ciel jaloux reprend ?

* * *

Il est mort, pleurez, c'est un frère,
Le poète des nations
Qui passait, calme et sans colère,
Au sein des révolutions !
Qui, bannissant l'aveugle rage,
A tous inspirait du courage
Et toujours marchait des premiers !
Et sa voix comme la tempête,
Allait roulant sur chaque tête,
Des hommes faisant des guerriers !

Sa naissance fut un immense cri de joie
Des Muses qui chantaient le poète au berceau ;
Et le génie, ainsi qu'un éclair qui foudroie,
        Dans sa tête mit un flambeau
Dont les rayons brillants, dans la sphère où nous sommes,
        Eclairent le passé des hommes,
        Les forcent à se souvenir !
Et découvrent encor les temps et la nature,
Les fragiles splendeurs de la gloire future,
        Les jours maudits de l'avenir !

        Venez, ô peuples de la terre,
        Venez auprés de ce cercueil,
        Pour verser une larme amère
        En habits de fête et de deuil !
        De fête ! car c'est une aurore,
        Beau réveil que rien ne déflore,
        Brillant d'azur et de clarté !

Quand la mort qui touche les braves
Les abandonne comme épaves
Aux bras de l'Immortalité !

Et vous, jeunes Francais, dont ses accents lyriques
Ont éveillé les chants et l'admiration,
Vous tous qu'il a charmés par ses notes magiques,
Espoir de notre nation !
Venez à son cercueil, accompagnez ses restes
Tandis que des voûtes célestes
Il vous sourit, jeunes amis !
Qu'il aille ainsi trôner au sein de la lumière,
Et réveille en passant, couchés dans la poussière,
Ses égaux, géants endormis !

Il peut partager leur couronne
Malgré la mort et le tombeau,
Au milieu d'eux il a son trône
Et peut-être est-il le plus beau !
De nouveau, la France, à cette heure,
En habits de deuil et qui pleure
Son fils glorieux qui n'est plus,
Dans les dates nationales
Peut, en lettres d'or triomphales,
Inscrire une gloire de plus !

Il est mort, mais son front couronné d'immortelles
Rayonne dans la nuit où nous marchons tremblants !
Son génie a laissé de vives étincelles
Qui guident nos pas chancelants !

Imitons-le, laissant toute trace futile,

    Car il est au-dessus d'Eschyle

    Il égale Napoléon,

Et le tombeau, le seul qui soit digne sur terre

De recevoir son corps, vestige funéraire,

    Ne se trouve qu'au Panthéon !

    Ainsi chantez tous, ô poètes,

    Accompagnez-le de vos chants,

    Tirez de vos lyres distraites

    En son honneur de doux accents !

    Chantez, jeunes amis de France,

    Chantez tous son génie immense

    Cherchez le laurier le plus beau !

    Que chacun dise en sa présence,

    Voyant tant de magnificence,

    Qu'il est trop grand pour un tombeau !

***

Ainsi parlait la muse ; et le jeune poète

Sur son luth modulait les plus touchants accords

Tandis que les Français mêlaient aux chants de fête

    Un hymne à la gloire des morts !

Car celui que le ciel choisit pour interprète,

    — Comme au temps passé le prophète, —

    Doit chanter la gloire et le deuil !

Montrer la vanité des passions humaines,

Suivre le conquérant dans les immenses plaines

    Et s'incliner sur un cercueil !

                JOSEPH LABORIE.

                  6.

ODE A VICTOR HUGO

Pour le progrès humain, il fit des vœux sincères,
Heureux dans l'idéal où les hommes sont frères.

Sois louée à jamais, âme douce, âme fière,
D'avoir à flots sur nous répandu ta lumière !
Que t'importe un tombeau de porphyre ou d'airain ?
Le monument sacré qu'élèvera l'Histoire
A ton mâle génie, à tes chants, à ta gloire,
Aux générations montrera le chemin !

Car ton labeur fut grand, et ton œuvre féconde ;
Pour le faible toujours ta pitié fut profonde,
Et dans tes vers ailés chanta la liberté !
N'ayant de haine au cœur que celle de l'injuste,
Ce qui resplendissait sur ton visage auguste,
C'était un doux rayon de sublime bonté !

En entr'ouvrant les yeux à nos clartés mortelles,
Nos enfants rediront tes strophes toujours belles
Tes hymnes doucement berceront leur sommeil
Et plus tard c'est ton sang qui courra dans leurs veines :
Ton œuvre est le trésor des familles humaines ;
Désormais ton génie est leur vivant soleil !

Apôtre fraternel de la race future,
Si ton âme, à la fois, sur toute créature,
D'un chaud rayon d'amour étendait la clarté,
Ton cœur fut à la France, à la douce patrie,
Tu l'aimas plus encore insultée et meurtrie,
Et ton chant lui rendit l'espoir et la fierté !

Le monde entier vibrait aux accords de ta lyre,
Et quand de l'exil sombre arriva le martyre,
On te vit calme et froid, debout sur ton ilot,
Lancer, nouvel Orphée, aux échos de la France,
Ce signal du réveil, ces hymnes d'espérance
Que chacun écoutait comme une voix d'en haut.

Ecoutez, disais-tu, ces voyants, ces prophètes,
Dont la puissante voix domine les tempêtes,
Annonçant aux mortels l'aurore d'un grand jour,
Proclamant qu'ici-bas tous les hommes sont frères,
Qu'il n'est qu'un dogme vrai, sans ombres, sans mystères,
Et que la loi du monde est une loi d'amour !

Répondez, ô vous tous qui souffrez sur la terre,
Soldats qu'ont mutilés les hasards de la guerre,
Savants au front pâli par de constants labeurs,
Femmes dont la beauté, la grâce et la tendresse
Ont fait le grand naufrage où périt la jeunesse,
Qui de vous, à ses chants, n'a répandu des pleurs ?

Quand le jour aura lui, la Muse de l'histoire
Inscrira de hauts faits et de grands jours de gloire,
Avec son doigt d'airain, sur ses sacrés frontons ;
Mais tu ne seras plus dans nos rangs, ô poète !
Pour chanter la Patrie et couronner sa tête,
Toi qui pleuras sur elle et vengeas ses affronts !

Puisse, sur ton sommeil, l'ange de l'harmonie
Etendre le manteau de son aile bénie ;
Que ses yeux dans la nuit te servent de flambeaux ;
Qu'il verse des parfums sur ta funèbre couche,
Que des accents divins s'exhalant de sa bouche
Chantent, pour te bercer, les hymnes des tombeaux !

AMÉLIE MOISSONNIER.

✠✠✠✠✠✠✠✠✠✠✠✠✠✠✠✠✠✠✠✠✠✠✠✠

VICTOR HUGO ET SON ŒUVRE

MÉMOIRE AYANT OBTENU LE DEUXIÈME PRIX

I

De même que de hauts sommets s'élèvent au-dessus des chaînes de montagnes, de grands noms planent sur la longue suite des siècles. Ceux qui portent ces noms ont dominé leur époque de toute la majesté de leur génie ; ils l'ont éclairée et vivifiée ; ils sont comme des phares placés par Dieu sur la longue et pénible route de l'Humanité, et leur gloire est le patrimoine de tous. Ces hommes, marqués au front du sceau de l'immortalité, ce sont les Homère, les Dante, les Shakespeare, les Corneille, les Voltaire, et tous sont grands, parce que tous ont fait marcher le monde en avant.

Mais si jamais un siècle s'est, plus que tout autre, identifié à un homme et doit porter son nom dans l'Histoire, n'est-ce pas le siècle de Victor Hugo ? En vain a-t-on dit que le Poète partageait cette gloire avec Napoléon ; le génie militaire, avec son côté sanglant, peut-il donc être comparé à cet immense et bienfaisant rayonnement qui vient de s'éteindre dans une clarté d'apothéose ?

D'ailleurs Victor Hugo personnifiait tellement notre époque que, au coup de foudre de sa mort, succède comme
une sensation de vide et de néant ; ceux qui avaient l'habitude de tourner les yeux vers lui se demandent qui mè-
nera désormais le chœur des esprits et des intelligences. Le
siècle, épuisé, se « désagrège », la période de transition
s'affirme, la mauvaise herbe envahit la littérature et les
arts de ce chaos momentané, marqué par la disparition du
plus vaste génie des temps modernes, devra sortir une
nouvelle ère de jeunesse et de gloire.

Victor Hugo, qui a été grand par tant de côtés, fut
avant tout poète et écrivain. Corneille s'est élevé comme
lui dans les hautes sphères de l'Idéal, mais il n'a pas em-
brassé tous les genres, il n'a pas fait vibrer toutes les cordes
de la lyre ; Voltaire, dans son œuvre immense, a tout abordé ;
il a cherché à soulever bien des voiles, mais il n'a jamais
atteint, de quelque côté que ce soit, la complète supériorité.

Hugo fut-il plus grand encore que Corneille, que Voltaire, plus grand qu'Homère même ? La postérité seule
pourra l'affirmer souverainement.

Nous, ses contemporains, nous le croyons et nous devons
le croire, parce que nos yeux conservent encore l'éblouissement des luttes de sa jeunesse, de la fierté de son exil et
des triomphes de sa vieillesse.

Victor Hugo, nous l'avons dit, est génial sous quelque
aspect qu'on l'observe ; mais nous ne devons envisager ici
que son œuvre littéraire, laquelle, à vrai dire, est en même
temps une œuvre sociale. Essayons donc de donner une
idée — bien faible et bien imparfaite — de ce qui caractérise son génie.

II

Né poète avant tout, « l'enfant sublime » révèla immédiatement tout ce qu'il devait être un jour. Depuis sa première *Ode sur les avantages de l'étude*, que l'Académie française ne pouvait consentir à attribuer à un adolescent de seize ans, jusqu'aux superbes élans des *Feuilles d'automne*, sa poésie lyrique coule à pleins bords comme un fleuve large, majestueux et tranquille, qui va grandissant toujours sans s'inquiéter des fauves qui hurlent sur ses rives, ou des rochers séculaires barrant sa route, qu'il renverse ou qu'i submerge.

Ainsi cette poésie coule à travers la grande plaine de l'Art, se retrempant aux sources vives de la nature, reflétant la mer, le ciel, les arbres, les fleurs, les montagnes et les ruines. Et à travers le gazouillement des oiseaux et le grondement de l'Océan, dans la clarté du soleil ou dans le scintillement des étoiles, toujours et partout, l'homme élève la voix, le cœur humain jette sa note parfois gaie, parfois terrible, souvent mélancolique ; l'amour et la haine, toutes les passions et toutes les souffrances passent tour à tour : là se reflètent aussi les évènements contemporains, les fêtes et les catastrophes, les triomphes et les défaites, les deuils et les joies de la Patrie, les secousses et les convulsions du monde.

C'est tout cela qui fait que cette poésie est vraiment humaine et vraiment moderne ; du premier coup et sans parti pris, la vérité est sortie de la pensée puissante de Hugo ; il a vu que l'œuvre d'un poète devait contenir « la somme des idées de son temps », et tout en restant respectueux pour le passé, tout en soulevant parfois le voile de l'avenir, il est demeuré avant tout de son époque, il est sorti des sentiers frayés pour ouvrir une route nouvelle ; il s'est dit que ce XIXᵉ siècle bouleversé par la plus terrible, des révolutions sociales, devait aussi voler de ses propres ailes dans le domaine de l'Art et s'affranchir des anciennes entraves ; et non seulement il a dit que cette époque avait en elle une vie puissante, mais encore il l'a prouvé.

C'est ainsi que ses *Odes* rajeunissent une forme usée, grâce aux impressions personnelles, aux sentiments religieux et patriotiques qui les inspirent ; ses *Ballades* sont des esquisses capricieuses, faites de rêves vagues et de tableaux incertains, empreintes de la poésie des vieilles légendes populaires. Dans les *Orientales*, passent, avec un chatoiement qui nous éblouit, avec une richesse de coloris, une variété de rythmes qui nous enchantent et nous stupéfient, les splendeurs, les passions et parfois la barbarie des pays du soleil ! C'est un rayonnement de féerie, prodigieux et magique. Les *Feuilles d'automne*, dans lesquelles l'élan lyrique est aussi puissant, parlent davantage au cœur et à l'âme ; nous y retrouvons les douces rêveries, les sentiments nobles ou tendres, le clair-obscur des aurores et des couchers de soleil, l'apaisement des soirs d'été, la sécurité de la conscience, les larmes à demi-contenues, les regrets, les mélancolies, les espérances.

Dans les *Voix intérieures*, les *Rayons et les Ombres*, les *Contemplations*, les *Chansons des Rues et des Bois*, ces mêmes sentiments, ces mêmes élans se retrouvent sous des aspects divers et, par dessus tout, l'idée de Dieu, la soif d'adoration, l'aspiration vers l'Infini, qui dominent l'œuvre entière.

Si de la poésie lyrique nous passons à la poésie épique,
nous restons saisis d'admiration devant cette longue suite
d'épopées au titre flamboyant : *la Légende des siècles* ; là,
la pensée se fixe et ne vogue plus au hasard du rêve ; le
poète raconte et juge les évènements ; il les chante avec
une trompette d'airain, stigmatisant les lâchetés et les crimes, s'attendrissant sur les dévouements et les misères ; il
refait à grands traits l'histoire du monde dans une série de
drames anecdotiques, tantôt terribles, tantôt touchants ; et,
comme toujours, les pauvres, les humbles, les faibles, les
méchants même ont la plus grande part de sollicitude.

Puis ce sont, du fond de son fier exil, les appels ven-
geurs des *Châtiments,* que le poète lance au monde étonné.
Ces vers, de bronze et d'or, que deux générations savent
par cœur, comment peindre leur âpreté fulgurante et leur
majestueuse ampleur, comment analyser, par exemple, les
beautés suprêmes de l'*Expiation ?...*

Et quelle éloquence, plus tard, pour pleurer dans l'*Année terrible* nos désastres et nos humiliations, et pour affirmer aussi la venue d'un avenir réparateur, pour parler de
la France avec tout l'amour et toute la douleur d'un fils !

Telle est, indiquée sommairement, l'œuvre poétique *pro-
prement dite* du Maître. Et, insistons-y, cette poésie n'est pas
égoïste et subjective ; le poète ne s'attarde pas à célébrer
ses joies personnelles ou à déplorer ses malheurs en accu-
sant le ciel : il sent que sa mission est plus haute ; son
génie est sain, robuste, admirablement équilibré, et il marche plein de sécurité dans sa route remplie de soleil. Il voit
tout, il chante tout, il pénètre jusqu'aux plus profonds replis
de la pensée humaine, mais il est surtout attiré par ce qui

7

est grand et sublime ; il existe des points lumineux auxquels il revient sans cesse : l'Océan, Paris, Napoléon, les fiers monuments, les hauts sommets, l'attirent invinciblement. Dans ce génie bienfaisant et, en quelque sorte, purement *objectif*, l'univers entier vient se refléter en s'idéalisant.

Et maintenant, parlerons-nous de la forme de cette poésie ? Dirons-nous qu'elle est tellement appropriée aux idées mêmes qu'on ne sait pas ce qu'il faut admirer davantage de la richesse des couleurs, de la variété des rythmes, de la hardiesse des expressions ou de la profondeur de la pensée.

Victor Hugo a vivifié et rajeuni la langue poétique, il lui a ouvert des horizons jusque là inconnus, il a montré que le poète disposait « d'un clavier immense », la Nature, et il a employé ces trésors en y imprimant son empreinte personnelle : la griffe d'un génie novateur et puissant.

D'ailleurs c'est précisément cette langue, cette *forme* lumineuse et hardie qui nous saisit tout d'abord et nous emporte sur les ailes de l'enthousiasme, avant même que nous ayons aperçu le penseur profond qui se cache sous le merveilleux artiste.

III

Si nous passons maintenant de la poésie au roman, nous nous trouvons en présence d'œuvres gigantesques dont chacune est tout un monde. Là, la faculté d'imagination se double de science et d'observation ; le philosophe et l'historien se joignent plus étroitement au poète. A travers le récit, qui prend tour à tour toutes les allures depuis le comique gouailleur jusqu'à l'épouvante, on entrevoit la peinture d'une époque, la revendication d'une idée, la philosophie d'un évènement.

Dans *Notre-Dame de Paris,* par exemple, ce chef-d'œuvre
à jamais consacré, le Poète — nous disons le poète, parce
que Victor Hugo l'est toujours et partout, même dans ses
romans, — le poète ne nous ressuscite-t-il pas le moyen-
âge avec une vérité éblouissante ; depuis la grand' salle du
Palais-de-Justice jusqu'à la Cour des miracles, jusqu'au
sommet des tours de Notre-Dame, n'avons-nous pas une
idée exacte et complète du vieux Paris ? Ne nous semble-t-il
pas avoir sous les yeux une eau-forte aux reliefs et aux creux
profondéments accentués, quand nous assistons au passage
des hommes d'armes dans les rues sombres pendant qu'un
rayon de lune éclaire les vieux toits pointus, quand le gibet
de la place de Grève découpe sur le ciel sa silhouette me-
naçante, quand se dresse devant nous la pâle et tragique
figure de Louis XI, quand la foule grouillante des men-
diants assiège la vieille et fière basilique ? Et quelle science
dans la description architecturale de l'église, quelle profondeur dans l'étude des anciennes philosophies ! Puis, enve-
loppant ces clartés et ces ombres, un sentiment, une idée
humaine : l'amour maternel, une idée sociale : la lutte du
faible contre le fanatisme religieux.

De même dans les *Misérables,* cette vaste épopée, nous
assistons à la lutte de l'homme contre la société, aux souffrances des déshérités, au martyrologe des pauvres et des
méchants ; chemin faisant quelque grand fait contemporain
se dresse tout à coup : c'est Waterloo, c'est une guerre ci-
vile, et toujours le tableau est poignant, l'émotion immense.
Les *Travailleurs de la Mer* nous peignent la lutte de l'homme
seul et désarmé contre la nature sauvage et furieuse, puis
la simplicité héroïque de l'abnégation volontaire.

Avec *Quatre-vingt-treize* revit toute une époque de terrible convulsion au milieu de laquelle se dresse le sombre triumvirat : Robespierre, Danton et Marat ; et, comme pour nous reposer des noirs tableaux qui se présentent, le doux et frais gazouillement de l'enfance vient illuminer le livre.

Dans *Han d'Islande*, *Bug Jargal* et dix autres volumes, essais ou œuvres de jeunesse, nous retrouvons à des degrés différents ces mêmes caractères puissants et féconds.

Le style du prosateur n'est pas moins admirable que celui du poète ; essentiellement personnel et original, ce style ne peut être comparé à aucun autre : on le subit, on ne l'analyse pas. Il se plie aux descriptions de la nature, au récit des faits, au développement des sentiments et des passions, comme à la variété et à la vivacité du dialogue ; ce qui le caractérise, c'est la force de l'épithète et surtout la puissance de l'antithèse. S'il devient parfois confus et presque insaisissable pour quelques-uns, c'est alors que la pensée elle-même est confuse et vague, c'est que le Poète cherche à pénétrer dans ces demi-jours que nous sentons tout au fond de nous-mêmes sans qu'il nous soit possible de les sonder. La langue de Victor Hugo est riche, harmonieuse, pleine et sonore ; c'est comme la quintessence même du génie français, doré par un rayon de soleil espagnol.

IV

Le génie du Poète, qui embrassait l'humanité entière, devait régénérer cette forme de l'art qui, mieux que toute autre, parle au cœur de l'homme, parce qu'elle est la plus humaine de toutes : le théâtre. C'est en effet le théâtre de

Victor Hugo qui forme la partie militante et caractéristique de son œuvre ; nous le retrouvons là tout entier, dans sa puissance indomptable.

Du jour où il planta son drapeau sur le chemin de l'art dramatique, la lutte s'engagea ; elle fut longue et acharnée. Le vieil édifice classique, usé et vermoulu, qui depuis des siècles emprisonnait la pensée humaine, finit par s'ébranler sous la poussée ardente du renouveau littéraire.

Victor Hugo ne fut pas un chef d'école dans le sens étroit du mot ; il ne remplaça pas les systèmes et les théories anciennes par un système à lui : il fut avant tout un émancipateur. Il n'était pas comme un laboureur creusant l'étroit sillon que l'on doit ensemencer derrière lui, mais bien comme un vaillant et vigoureux pionnier dont la hache abat les arbres touffus et les broussailles inextricables, qui empêchent la vue d'embrasser l'horizon.

Il proclama bien haut que si le théâtre ancien et ses chefs-d'œuvre convenaient à l'époque qui les a produits, la nôtre ne pouvait s'en accommoder, qu'après tout, le monde avait marché depuis ce temps et qu'il était insensé de vouloir condamner le genre humain à n'être qu'un perpétuel imitateur, astreindre un siècle à n'être que le vassal de ceux qui l'ont précédé, tandis qu'il se sent dans les veines un sang jeune et bien à lui !

Plus de modèles, a dit le Poète ! Plus de règles autres que celles qui sont immuables parce qu'elles tiennent à l'existence même de l'Art. Plus de conventions étroites, plus d'entraves, laissons la pensée s'élancer et se dilater au grand jour ! Ne cherchons pas à puiser l'inspiration chez ceux qui

nous ont précédés, si grands qu'ils soient, mais retrempons-
nous à ces sources primitives et inépuisables : la Nature et
la Vérité.

Partant de là, il transforme le théâtre en montrant que
le beau est partout, que, pour l'art moderne, le sublime et
le grotesque, qui se croisent à chaque pas dans la vie, sont
deux éléments essentiels, que celui-ci représente ce qu'il y
a d'humain dans la créature, et celui-là ce qu'il y a de divin ;
que de ces deux étincelles combinées jaillit la forme vraie
et logique de notre théâtre : le drame, mélange intime de
la tragédie et de la comédie.

C'est sur cette base que Victor Hugo construisit ces œuvres grandioses, discutées et combattues à leur apparition,
mais qui font aujourd'hui l'admiration de tous et sont la
plus éclatante des gloires de notre scène moderne. Comment
rappeler toutes les beautés sublimes de *Hernani*, dont chaque vers fut l'occasion d'une bataille et dut être conquis
sur l'opposition exaspérée, de *Marion Delorme*, de *Ruy-
Blas*, de *Lucrèce Borgia*, de *Marie Tudor*, d'*Angelo*, et des
Burgraves ou du *Roi s'amuse*, avec leurs personnages plus
grands que nature ?

Dans ces drames tout vibrants d'ardente passion, les caractères se choquent comme de sonores armures ; l'action se déroule, nerveuse, terrible, fatale, éclairée çà et là d'un rayon
de gaîté, d'une fusée de rires, et toujours la peinture d'une
époque s'y trouve encadrée, et la précision historique des
détails ne le cède pas à l'intérêt que présente l'ensemble.
Tous ces personnages nous émeuvent parce qu'ils sont humains et dramatiques, parce que princes ou laquais, courti-
sanes ou reines, tous pleurent ou rient, souffrent et agissent.

Si l'envergure de quelques drames de Hugo, tels que
Cromwel ou *Torquemada* est incompatible avec les exigences
de la scène, c'est que le Poéte l'a voulu ainsi, c'est qu'il a
laissé sa pensée voguer à pleines voiles dans cette forme
hardie et pittoresque, où elle se meut avec tant de facilité !

Quant au style dramatique de Hugo, est-il besoin de redire tout ce qu'il a d'éblouissant ; cette langue tour à tour
familière et sublime, forte, variée et sonore nous émeut et
nous charme tout à la fois ; elle est surtout merveilleusement appropriée à ce qu'elle exprime.

Du reste, dans la préface de *Cromwel*, le Poète caractérise lui-même de la façon la plus précise la facture du vers
qui convient essentiellement au drame.

V

Nous avons réservé à dessein toute une partie importante
de l'œuvre de Victor Hugo ; cette partie se compose presque
exclusivement des derniers volumes publiés par le Maître,
tels que l'*Art d'être Grand-Père*, *Religions et Religion*, *le
Pape*, la *Pitié suprême*, *l'Ane*, les *Quatre Vents de l'Esprit*.

Il nous semble que le caractère dominant de ces ouvrages
est une philosophie profonde, basée sur la croyance en Dieu,
l'amour de l'humanité, la foi en l'avenir, et toujours sereine et forte dans sa marche ascensionnelle vers la Vérité
et vers l'Infini.

Nous ne pouvons suivre ici le Maître dans ces hautes
régions. Constatons seulement que sa croyance en Dieu et
en une vie future s'affirme plus hautement à mesure qu'il
avance dans sa longue et glorieuse carrière ; malgré les
orages et les douleurs, son vaste esprit rasséréné contemple

l'infini dans la quiétude de sa foi profonde. Aussi, lorsqu'il
se retourne vers la terre, c'est pour nous parler de paix,
de concorde, de pardon, rarement de haine et de mépris
si ce n'est quand il s'agit de tyrannie ou de fanatisme.

Le génie de Victor Hugo qui nous éblouit d'abord par sa
force nous émeut ensuite par sa bonté. Quand il a réveillé
les morts dans leurs tombeaux, il s'arrête et se repose devant le rire d'un enfant ; il aime la femme et il la respecte,
il s'attendrit sur les souffrants, il demande et obtient la
grâce des condamnés, il plaint les méchants et ne les rejette
pas sans retour, il prend le parti du faible contre le fort ;
en un mot, il est l'apôtre de vérité, de justice et d'a-
mour.

VI

Nous avons omis, dans cette énumération, bien des ouvrages du Maître, et nous n'avons cherché à donner qu'une
idée de l'ensemble ; d'ailleurs, il faudrait des volumes pour
analyser dignement cette œuvre immense, dont la centième
partie suffirait à rendre un homme à jamais immortel.

En présence de ce labeur surhumain, il semble que notre
époque tout entière s'est incarnée dans le grand Poète, et
l'on ne sait plus s'il est l'expression et le résumé de son
siècle ou s'il en est le générateur.

Indiquer seulement son œuvre n'est-ce pas dire également
la prodigieuse influence qu'elle exerce sur la littérature
contemporaine ?

La jeune et vigoureuse génération de 1830 accueillit avec
enthousiasme celui qui renversait les barrières encombrantes
du grand chemin de l'Idéal ; pleine d'ardeur, elle suivit ce

chef qui s'imposait à tous par la seule puissance de ses chefs-d'œuvre. Du choc des idées et de la lutte des partis, la vérité sortit enfin triomphante et tout le courant littéraire s'élança par la voie qui lui était ouverte ; l'horizon s'élargit, la poésie osa se faire humaine, la langue se rajeunit en quelque sorte et s'enrichit bientôt d'une foule de mots dédaignés jusque là comme indignes de la plume d'un écrivain.

D'abord, ainsi qu'il arrive dans toute révolution — littéraire ou autre — on tomba dans l'excès même des nouvelles doctrines, mais peu à peu l'équilibre se fit, le champ se nivela, et ceux-là même qui avaient hésité devant cette aveuglante clarté ou qui l'avaient combattue vinrent se rallier les uns après les autres au grand centre lumineux

Après le combat, vint une période de production tranquille ; l'exubérance du Maître sembla se communiquer à ses contemporains subissant, parfois à leur insu, le reflet de cette toute-puissance.

Nous ne voulons citer aucun nom à côté de celui du Poète des Poètes, mais comme il embrassa dans son immense envergure toutes les réalités et tous les rêves, il est peu d'œuvres contemporaines dans lesquelles on ne retrouve sa trace, son empreinte.

Bien des générations encore viendront se désaltérer à cette source vivifiante.

Victor Hugo, avons-nous dit, résume son époque tout entière, mais il appartient également par l'universalité de son génie, à tous les siècles comme à toutes les nations ; il est par excellence le poète de l'Humanité !

7.

La dernière période de sa vie s'est écoulée majestueuse et calme au milieu de l'adoration de la France et du monde ; son nom était le symbole, l'écho de toute grande pensée, de tout sentiment généreux ; c'est vers lui que les yeux se tournaient aux jours de deuil comme aux jours de fête, parce qu'il était à la fois grand et bon.

Existe-t-il parfois dans son œuvre, des inégalités, des obscurités ou des faiblesses ? Peu importe : compte-t-on les taches du soleil ? D'ailleurs, Victor Hugo n'était qu'un homme après tout, mais un homme qui régna sur tous les autres, sans partage et sans conteste. Aussi, il a pu dire avec fierté et vérité :

> ... Je suis celui qui hâte l'heure
> De ce grand lendemain : l'Humanité meilleure.

C'est pourquoi il brillera à jamais dans sa glorieuse immortalité aux yeux des peuples futurs ; c'est pourquoi les penseurs de tous les pays et de tous les temps viendront se retremper dans l'éblouissement de son œuvre.

GASTON PEIFFER

SONNETS

A VICTOR HUGO

Hugo ! Devant ce nom que la Muse divine
A proclamé cent fois dans son vol glorieux,
Devant l'astre planant aux sommets radieux,
Le poète frémit et sa lyre s'incline !

Oui, même après Musset, même après Lamartine,
Ton nom, Victor Hugo, sait éblouir nos yeux . . .
Ton génie, éclatant comme un rayon des cieux,
Pénètre notre esprit, l'éclaire et le fascine'

Grâce, douceur, élan, noblesse et majesté,
— Ces attributs de l'Art, comme de la Beauté —
Font ton œuvre attrayante et sublime, et féconde !

La Justice, le Droit, la Clémence ou l'Amour :
Tels sont les grands leviers que tu meus tour à tour
Et qui, dans l'avenir, soulèveront le monde !...

MARIUS ELLEDÉ.

Il n'est plus ! Oh ! pleurez, vous, ses chères amours,
Vous les déshérités qui souffrez en ce monde :
Il vous enveloppa d'une pitié profonde,
Et pour votre misère eut des larmes toujours.

Son drame, à la pensée ouvrit un libre cours ;
Sa lyre tour à tour sourit, s'émeut et gronde.
Les tyrans l'ont maudit, mais son œuvre est féconde :
Les peuples à sa voix ne sont point restés sourds.

Il eut à son déclin l'éclat de son aurore
Et s'éteignit, le soir, tout radieux encore,
Laissant le monde entier ébloui de ses vers.

Le Panthéon contient sa cendre refroidie ;
Mais si dans le cercueil on couchait le génie,
Il te faudrait, Hugo, pour tombe, l'univers !

Auguste RENARD.

III

Le Poète a chanté l'Amour et la Victoire,
L'Espoir... que méconnaît notre siècle insensé,
Le Beau, le Vrai, le Bien, le rêve caressé...
Esprit vaste et profond, rien ne manque à sa gloire.

C'est le Titan de l'Art, que nul n'a dépassé :
Il arrache aux tombeaux les secrets de l'Histoire,
Et sa lyre sublime enchaîne à sa mémoire
L'antique Notre-Dame et le sombre passé !

Ses écrits sont brillants, étranges, pleins de charmes...
Sa grande âme a compris les sanglots et les larmes
Du pauvre, du vaincu, du faible... du proscrit.

Sa voix nous dit : « Aimez ! soulagez la souffrance ;
A l'heure du danger, oubliez pour la France
Et l'ange du foyer et l'enfant qui sourit ! »

Eugène ALBERGE.

IV

Au dessus de tout rite et de tout culte humain,
Par delà l'Inconnu, ta vaste intelligence,
Planant dans l'Infini près d'un Dieu sonverain,
Contempla l'Idéal, l'Invisible et l'Immense :

De ces hauts horizons, ta sublime clémence
Plaida pour l'opprimé, le faible et l'orphelin,
Et le chant de ton luth, fécondante semence,
Fut des persécutés l'Evangile divin ;

Et si, devant la mort, ton âme grandiose
N'avait point dédaigné pour ton apothéose,
Celui dont tu suivis le précepte et la loi,

Les humbles, les petits, les enfants et les mères,
Comme un phare d'espoir, au sein de leurs misères,
Auraient vu s'allier le Génie et la Foi !...

PAUL MANGIN.

V

De ton œuvre sublime, aux pages immortelles,
Moi, je ne sais qu'un chant, dont le doux souvenir
Me rend l'enfant que mes étreintes maternelles,
Sur mon cœur éperdu n'ont pas su retenir !

Il évoque un rivage aux aurores nouvelles
Où tout ce qui s'aima doit à jamais s'unir...
Où les petits enfants sont des oiseaux sans ailes...
Ce chant m'a consolée, et je viens te bénir !

Et quand tu n'aurais pas d'autres titres de gloire,
Les mères à genoux garderaient ta mémoire !
Tu vivrais, éclairant des jours infortunés,

Tant qu'il en serait une auprès d'un berceau vide,
Toi dont le doigt levé montre, à mon œil avide,
Le monde rayonnant où vont les nouveau-nés !

Mary ROGER-LACASSAGNE.

A VICTOR HUGO

Je jette cette humble fleur sur le tombeau du grand homme.

I

Géant, tu t'es couché : se peut-il que ton être,
Matière, cœur, esprit, dorme éternellement ?
Se peut-il que la mort t'ait pris sans te connaître ?
Au hasard ?.. que de toi rien ne doive renaître ?
— Non : ta grande âme vit, raison et sentiment.

As-tu devant les yeux des images chéries,
Des champs semés de fleurs, où l'oiseau vient chanter ?
Ton esprit revoit-il le fond vert des prairies
Où l'insecte est heureux dans les herbes fleuries,
Rendant grâce au soleil qui vient le visiter ?

Es-tu seul. méditant dans une nuit obscure
Où rien de ce qui vit n'arrive jusqu'à toi ;
Où le mal et le bien, la louange ou l'injure,
Ne sont pour ton esprit que le lointain murmure
Des choses du passé — rêve, douleur, effroi ?

Vois-tu dans la clarté d'une extase infinie
Qui t'ouvre par moments la porte d'or des cieux,
Les anges saluer ton vaste et doux génie,
Et Dieu même entr'ouvrant l'éternité bénie,
Mettre un laurier céleste à ton front glorieux ?

Vois-tu ce que l'on fait dans ce monde où nous sommes ?
Les grands et les petits, les sages, les ardents,
Devant tes yeux profonds qui regardaient les hommes
Font-ils tourbillonner leur poussière d'atomes
Avant d'être emportés dans la ronde des vents ?

Que vois-tu dans la tombe, ô penseur ! ô poète !
Toi qui chantas toujours l'honneur et la vertu,
Et qui trouvas, jadis, l'écueil dans la tempête ;
Toi qui viens de tomber comme un vaillant athlète
Vaincu par le Destin « mais non pas abattu » ?..,

Ton front, ton vaste front qui couvait la pensée
S'est affaissé : la mort frappe aussi les titans ;
Mais vis au Panthéon ; règne, cendre glacée,
Sur le monde qui t'aime... oh ! jamais éclipsée,
Ton œuvre, astre éternel, luira sur les vivants !

II

Je contemple rêveur, dans cette œuvre admirable,
L'idée au vol immense et l'élan d'un grand cœur ;
Je contemple le beau, la clarté véritable ;
Puis je vois éclater la haine impitoyable
Dans de sonores vers dont le crime avait peur.

Tu chantas l'Eternel, « père auquel il faut croire » ;
Tu le vis dans les cieux, dans les mondes sans fin ;
Puis tu le rencontras souriant dans sa gloire,
Créant la terre et l'homme et dotant notre histoire
De ces faits solonnels qu'y marque le Destin.

La loi de Dieu, penseur ! rayonne à chaque page
Dans tes livres profonds où ta haute raison
Nous dit que cette vie est un sombre passage
Où l'homme doit marcher avec l'espoir du sage,
Tenant les yeux levés vers un autre horizon.

Tu dis qu'autour de nous, dans les champs de l'espace,
Les âmes, s'échappant des liens du trépas,
Attendant que le corps de nouveau les enlace,
Vivent, accompagnant l'humanité qui passe,
Parlant au cœur de l'homme et ne le quittant pas.

Tu dis que l'avenir, pour nous plein de mystère,
Est marqué de tout temps en arrêts souverains ;
Que la fraternité doit régner sur la terre ;
Que les peuples verront le spectre de la guerre
Fuir, tout taché de sang, sous l'horreur des humains !

O Victor Hugo ! c'est ton âme,
C'est ton amour qui nous enflamme
Nous tous qui semons, en chantant,
Dans tous les sillons, l'espérance ;
Nous qui voulons servir la France
Et qui t'aimons de l'aimer tant !

C'est toi, maître ! c'est ta parole
Qui nous éclaire et nous console
Dans le doute et dans la douleur ;
Ce sont tes strophes immortelles
Qui, dans les cieux ouvrant leurs ailes,
Nous rapprochent du Créateur !

Gloire à ton œuvre impérissable
Où rien n'est bâti sur le sable ;
Où le génie au front puissant,
Foudroyant le mal, chassant l'ombre,
Est debout sur la terre sombre,
Montrant le ciel éblouissant !

III

Maître, tes plus beaux vers sont dans notre mémoire ;
Nous entendons chanter ces oiseaux gracieux,
Passer ces aigles fiers qui regardent aux cieux,
Et nous nous écrions : c'est Hugo, c'est la gloire !

Comme ils nous ont charmés ! comme ils nous ont émus !
Quand nous lisions, le soir, tes pages solennelles,
Nous sentions dans nos yeux des pleurs, des étincelles ;
A ta lyre, à ton cœur, nous étions suspendus.

Ah ! tu fus l'écrivain solitaire, farouche,
Qui sus stigmatiser les crimes sans remords ;
L'anathème brûlant est sorti de ta bouche
Pour flétrir des vivants et pour venger des morts ;

Mais ta lyre grondante, aux sublimes colères,
Qui bravait les tyrans, chantait la liberté ;
Appelant l'harmonie au sein des peuples frères,
Elle montrait sa route à notre humanité.

Tu fus l'ami des fleurs, des enfants et des femmes ;
Tu nous as dit l'amour comme personne encor.
Autour de toi, génie ! est un beau cercles d'âmes
Qui t'admirent : ce sont les fronts purs, les cœurs d'or.

Les malheureux, tous ceux que la misère accable,
Que le vice a flétris, que frappe la douleur ;
Les petits, les valets, même le misérable
Tu les as réchauffés d'un rayon de ton cœur.

Si de petits esprits, dont l'empire se fonde
Sur l'étroit égoïsme et sur l'aveugle orgueil,
Ne voyant dans tes vers qu'une vaine faconde,
Jetaient comme à regret des fleurs sur ton cercueil,

Je leur. dirais : le temps qui juge et nous éclaire
Rejette constamment les débris des erreurs,
Mais toujours le poète aura pour but sur terre
De donner l'espérance et de sècher les pleurs.

Maître ! si par l'éclat de ta forme choisie
Tu passais, glorieux, à la postérité ;
Si le charme du vers, les fleurs de poésie
T'ouvraient le beau chemin de l'immortalité ;

Si tu n'étais, Hugo ! qu'un maître en l'art d'écrire,
Je ne chanterais pas ta gloire avec ardeur ;
Je dirais : tous les vers qui tombent de sa lyre
Sont beaux, mais aucun d'eux n'a su toucher mon cœur.

Tandis qu'en écoutant ta voix sage et profonde,
J'ai compris que ton œuvre est sans pareille au monde.
Régénérer la langue, épurer les esprits,
Rapprocher par le vrai l'homme de la nature,
Etre juste, être bon, démasquer l'imposture,
De ta calme raison imprégner tes écrits,

Guider l'homme incertain et lui montrer Dieu même
Dans toutes les beautés que partout sa main sème,
Dans l'arbre et dans la fleur, dans l'aile de l'oiseau ;
Nous parler du devoir, joug saint et nécessaire ;
Ecrire en vers charmants tout ce que l'homme espère ;
Tu l'as fait soixante ans : sois fier dans le tombeau !

IV

Nous honorons ta carrière,
Nous sourions à ta voix,
Nous les fils de ta lumière,
Qui voulons garder tes lois.
Oui, nous qui tenons ta lyre,
Qui rêvons ton idéal,
Nous t'offrons un vaste empire :
Les cœurs ennemis du mal.

D'autres encensent la gloire
Qui verse à flots notre sang ;
Ils honorent dans l'histoire
Un cœur dur, un bras puissant :
Nous qui voulons pour la terre
L'espérance du bonheur,
Nous vénérons l'homme austère
Qui fut notre bienfaiteur ;

Et nous voulons tous te suivre
Dans l'arène où tu luttas,
Pour y faire encor revivre
Ton génie et tes combats.
Ah ! si ton ombre sublime
Plane dans le grand ciel bleu,
Se penchant sur notre abîme,
Qu'elle implore pour nous Dieu !

Dieu que tout poète appelle
En voyant son infini,
Et par qui l'homme rebelle,
Pâtre ou César, est puni.
Car la France est attentive
A tout ce qui peut fermer
Sa blessure encor si vive,
Que ton amour sut calmer.

Inspire-nous quelque chose
De ce que tu lui chantais ;
Une large idée éclose
A l'heure où tu méditais.
Dis-nous quelque rêverie
Qui la puisse encor charmer :
Victor Hugo ! ta patrie
Ne cessera de t'aimer.

En vain le faux goût l'assiège ;
En vain le mal veut ternir
L'idéal qui nous protège
Contre un funeste avenir :
Ta voix, traversant les âges,
Dira toujours le chemin
Que l'art pur et les lois sages
Indiquent au genre humain !

Auguste   EYDOUX.

NUIT DU 21 MAI 1885

I

Dans la grande cité tout sommeillait encore...
L'airain de ses clochers, sous le marteau sonore,
Venait de retentir une fois seulement.
Sur la terre, il tombait, des feux du firmament,
Cette clarté paisible et pleine de mystère
Qu'entre nous et les cieux tamise l'atmosphère.
Mille bruits indécis, rapprochés ou lointains,
Roulis de flots plaintifs, ou murmures humains,
Berçaient ce grand Paris de leur vague harmonie.
Est-ce l'heure du mal, du rêve ou du génie,
Que cette heure sereine où, de l'astre à la fleur,
Dans un recueillement d'admirable grandeur,
Tout semble, par sa foi, son parfum, sa lumière,
Offrir ses premiers feux, ou sa fraîcheur première ?
Qui nous dira jamais le mot mystérieux
Qui joint la terre à l'homme, et l'homme aux vastes cieux,
Et pourquoi l'océan, la montagne et la plaine
Tressaillent sous l'éclat de l'étoile sereine ?...
O merveilles d'en haut qu'on admire d'ici,
Quel est votre pouvoir pour tout charmer ainsi ?
Qu'est-il d'assez intime entre vous et nos âmes
Pour qu'à certains moments, en comtemplant vos flammes,
    Nos yeux disent : Merci !...

* * *

Il était donc cette heure où l'âme se recueille,
Où la brise répand sur l'onde et sur la feuille
Les suaves parfums qu'elle a pris sur les fleurs.
Alors bien au-dessus de l'une des hauteurs
Qui forment les confins de notre « Cité-Mère »,
Apparut dans les airs une vive lumière.
Chose étrange !... on eût dit que ce disque argenté,
S'élevant par degrés dans l'azur velouté,
Etait un œil humain adressant à la France,
Comme un suprême adieu tout empreint de souffrance,
Car, malgré son éclat du plus pur diamant,
On devinait des pleurs dans son rayonnement,
Tels qu'on en voit aux yeux d'un chef qui s'expatrie
Laissant des êtres chers aux soins de la Patrie.
Elle plana longtemps sur le modeste hôtel
Où s'éteignait, paisible, un radieux mortel. .
A coup sûr le plus grand, le plus aimé peut-être,
Le plus prodigieux que ce siècle ait vu naître.
Elle planait encore aux premiers feux du jour.
Soudain, diamantant tout l'éther d'alentour,
Et semblable à l'éclair illuminant la grève,
On la vit resplendir comme Dieu dans un rêve,
        Et disparaître sans retour.

* * *

Dés que l'Aube eut ouvert la porte orientale,
Au murmure si doux berçant la capitale,
Tout à coup succéda le bruit tumultueux
D'un ouragan rageur, au souffle impétueux.

Des tourbillons épais d'aveuglante poussière,
Du maraîcher tardif torturaient la paupière,
Et de leurs gonds tordus, des volets enlevés,
Joints à d'autres débris roulaient sur les pavés.
Au sein des carrefours, de tournantes rafales
Semblaient exécuter des rondes infernales,
Et des airs tourmentés, des arbres et des flots,
S'échappaient des soupirs, des plaintes, des sanglots...
O sublime Titan !... la terre savait-elle
Que l'Ange de la mort, de sa lèvre cruelle
Contaminant la tienne en un baiser blafard,
T'avait déjà fixé l'heure de ton départ ?
Que ce feu dans la nue était bien ta grande âme,
Qui, près de remonter où s'en va toute flamme,
Venait dire un adieu douloureux, éternel,
A ce Paris si cher, où le grand Immortel,
Dans l'éblouissement d'une auguste victoire,
Obtiendrait pour tombeau le temple de la Gloire ;
        L'amour des peuples pour autel !...

II

Le grand Maître a passé le fleuve de la vie...
Tel qu'un aigle géant, à l'aile inasservie,
Brise un lien fragile et des rets vermoulus,
Hugo s'est affranchi du terrestre esclavage,
Et sa lyre appendue aux saules du rivage
Dans nos concerts humains ne résonnera plus !

O Mort ! qu'emportons-nous au-delà de la tombe ?
Que devient notre esprit quand notre corps succombe ?
Du néant éternel n'es-tu que l'instrument ?
Ou par toi délivré, divin souffle ou lumière,
Notre esprit revient-il en sa forme première,
Ame, à son Créateur ; étoile, au firmament ?

« Dieu n'est pas, nous dit-on ; le souffle de la bouche,
C'est l'âme, qui se meurt dès que la mort nous touche ;
L'homme vient... puis s'en va. Voilà l'humanité. »
Quoi ! poète sublime et grand-père si tendre !..
A part tes chants divins, tu n'aurais que ta cendre
Comme criterium de ta réalité !....

Non, non !... Il est un Dieu ! ta vie en est le signe
O chantre radieux ! Si, par faveur insigne,
Celui qui t'a repris après t'avoir donné,
Te laissa près d'un siècle illuminer la terre,
C'est qu'il savait, Hugo, que tu serais le père
Du faible qu'on opprime et de l'abandonné.

Oui, comme le soleil qui brille sur le monde,
Tu répandis sur nous ta lumière féconde,
Etonnant l'univers par ta vive clarté ;
Et du pin gigantesque à l'épi de nos plaines
Des brillants colibris à nos âmes humaines,
Tout s'émut aux accords de ton luth enchanté.

Astre resplendissant d'une lumière auguste,
Vers lequel gravitaient le Vrai, le Beau, le Juste,
Et tant d'admirateurs sans guide désormais,
Le Créateur, jaloux, t'a repris à la terre,
Et, sans nulle pitié pour ce monde en prière,
Parmi d'autres soleils t'a fixé pour jamais !

Mais nous avons tes chants, ta tombe et ta mémoire
Et malgré ton absence, en nos rêves de gloire,
Dans le sublime éclat de leurs rayonnements,
Passent devant nos yeux, fiers, souriants ou graves,
Bug-Jargal et *Ruy-Blas, Hernani*, les *Burgraves,*
Le *Pape, Notre-Dame, Odes* et *Châtiments...*

O vous tous dont la lyre était une merveille :
Lamartine, Shakespeare, et Molière et Corneille,
Dante, Homère, Virgile, et Pétrarque et Sapho,
Dites-moi, maintenant que toute envie est morte,
Si parmi vous, geants d'éclatante cohorte,
Il en est un plus grand que notre grand Hugo !

C'est en vain que la mort t'a pris à nos tendresses ;
C'est en vain, qu'en tous temps, lugubre en ses caresses
Elle t'a mis au front le sceau noir du trépas,
Sublime créateur ! tes immortels ouvrages
Rempliront de ton nom l'infinité des âges :
Ici-bas comme en haut, la gloire ne meurt pas !

8.

Va ! ta dépouille auguste, au Temple du Génie,
Sera notre relique éternelle et bénie...
Et, dans quelque mille ans, nos arrière-neveux,
Rediront à leurs fils : Regardez cette tombe. .
Celui qu'on appelait aigle, lion, colombe,
Repose là, toujours plus grand, plus radieux !

Et qui donc oserait, de sa main sacrilège,
Insulter au tombeau que la France protége ?
Sur qui veille à jamais la Gloire aux ailes d'or ?
De quel Dieu, de quel roi seraient-ils les ministres
Ceux qui viendraient de nuit, obliques et sinistres,
De l'univers entier dérober le trésor ?

Dors !... dors en paix, Titan ! la main pâle du crime
N'atteint pas le sommet quand trop haute est la cime,
Et tu touches du front aux étoiles du soir...
Oui, Maître ! dors en paix dans ta gloire si belle ;
Ton œuvre et notre amour te l'ont faite immortelle ;
Sur l'Immortalité, Dieu même est sans pouvoir !..

Louis ALBAREL.

✿✿✿✿✿✿✿✿✿✿✿✿✿✿✿✿✿✿✿✿✿✿✿

I

MIL HUIT CENT DEUX !...

Mil huit cent deux ! O temps bien digne de mémoire !
Que la joie et l'orgueil entrent au cœur de tous :
Comme à Jérusalem, jadis, chantons « Victoire ! »
Car un nouveau prophète est venu parmi nous.

C'est un enfant chétif, plus pâle que l'ivoire...
Sa mère cependant l'a pris sur ses genoux,
Et déjà dans son cœur, rêvant pour lui la gloire,
Elle couvre son front des baisers les plus doux.

O sûrs pressentiments de l'amour d'une mère !....
Grâce aux soins assidus, et grâce à la prière
Chaque jour répétée au pied des saints autels,

Le nouveau-né revit, un lait pur le ranime,
Il grandit, abrité des regards maternels,
Et ce petit enfant devient « l'enfant sublime. »

II

L'ŒUVRE

—

Sa lyre aux mille voix chantant l'humanité,
De ses pompeux accords fait tressaillir le monde ;
Tout lui prête un accent : le ciel, la terre et l'onde,
Car son génie immense étreint l'immensité.

Son drame plein de vie et de réalité
Peint la fière vertu comme le vice immonde ;
Mais le poète, au fond du cœur humain qu'il sonde,
Sait puiser l'idéal dans l'âpre vérité.

Quelle que soit son œuvre, un grand souffle l'inspire :
Homère avec Pindare, et Dante avec Shakspeare
Ne seraient ses rivaux qu'en se réunissant.

Donc toute gloire auprès de la sienne est petite,
Et tout poète tourne, ainsi qu'un satellite,
Autour du grand Hugo, soleil éblouissant !

III

APOTHÉOSE

—

Hélas ! il n'est donc plus, le sublime poète
Qui, durant soixante ans, fit entendre en ses vers,
Sur sa lyre éclatante ou la fière trompette,
Une immense harmonie à l'immense univers.

Il n'est donc plus, hélas ! le redoutable athlète
Qui, debout sur un roc battu des flots amers,
Osa pendant vingt ans ne courber point la tête,
Et braver l'empereur, la foudre et les éclairs !

Cependant sans pleurer suivons tous son cortège :
Nos larmes sur ce mort seraient un sacrilège :
Immortelle est sa gloire, immortel est son nom,

Car de l'Arc de Triomphe où la France l'expose,
Dans une éblouissante et sainte apothéose,
Aux yeux de l'univers, il monte au Panthéon !

Edmond LAFARGUE.

SUR LA MORT DE VICTOR HUGO

— ÉLÉGIE —

Parmi les chérubins vermeils
Qui planent dans l'azur immense,
Sous les rayons des grands soleils,
Dans la majesté du silence ;

Un ange aux traits plus radieux,
Au beau front ceint d'une auréole,
Dit la grande et simple parole
D'où sont nés la terre et les cieux.

Un mot tombant dans la lumière
A travers mille échos roula ;
De monde en monde il consola
L'esprit captif de la matière.

Enfin ce mot puissant et doux,
Ce mot grave et plein d'espérance
Vint résonner sur notre France :
Hugo l'a recueilli pour nous.

Ce mot fait de clarté, qui révèle à la terre
Le plus doux nom du Dieu que partout on révère,
Et qui nous vient d'en haut comme un rayon du jour ;
Cet éternel écho de la bonté divine,
Sur la tombe du maître où chaque front s'incline
Passe de bouche en bouche, écoutez ! c'est : Amour !

* * *

Oui, l'amour est la loi sublime
Qui brille à la céleste cime
Et dans les ombres d'ici-bas ;
L'amour inspira le poète
Qui fut calme dans la tempête
Et dont le cœur ne faiblit pas.

Dans les hommes il vit des frères
Il fut touché de leurs misères.
Il vit le déluge des maux
Fondre sur la terre attristée,
Et sa raison vers Dieu portée
Combattit dogmes et fléaux.

Il fut grand. Sa forme etincelle,
Et sa pensée au large vol
Vers les astres porte son aile,

Puis revient effleurer le sol,
Toujours tendre, puissante et belle.
Il fut aigle, il fut rossignol.

Dans la tourmente passagère
Qui s'abat sur les nations,
On vit, parfois plein de colère,
Le grand poète populaire
Hâter les révolutions
Et s'écrier : « Guerre à la guerre ! »

Ses vers ont des strophes de feu,
Dans sa prose, l'âme est vivante ;
La Vérité, sa noble amante,
L'inspire à toute heure, en tout lieu,
Et, quand le vice l'épouvante,
Victor Hugo lui montre Dieu !

Nul ne fut plus puissant et nul ne fut plus tendre;
La gloire a fait de lui son enfant bien-aimé.
Il n'est plus! chaque jour emporte encor sa cendre.
Jamais ce vaste front ne sera ranimé.

Il n'est plus, et le ciel n'en devient pas plus sombre,
Il n'est plus, et les fleurs s'entr'ouvrent doucement,
Et les étoiles d'or parlent du fond de l'ombre
A l'aube qui s'éveille au sein du firmament !

D'autres s'inspireront de ses hautes pensées
Qui poussent en grondant les strophes cadencées
  . Contre le mal et les tyrans ;
D'autres nous rediront ses rêves politiques,
Son idéal qui met au sein des républiques
  Le salut des peuples mourants !

D'autres avec éclat nous diront : « Ce poète
Sut dominer la foule, au passé tenir tête,
  Repousser la fange et le sang. »
Je ne veux aujourd'hui, lorsqu'à peine il repose,
Voir en lui que l'ami du chêne et de la rose,
  L'admirateur du Tout-Puissant !

  Gloire au poète qui s'élance
  Dans les splendeurs de l'infini
  Et qui sent partout la puissance
  Du Dieu que son cœur a béni !

  Gloire au conquérant de l'idée
  Qui, sous l'étoile et vers l'azur,
  Elève son âme guidée
  Par un instinct pieux et pur !

  Gloire au génie ardent et sombre
  Qui, voyant partout la douleur,
  A travers les astres sans nombre
  Cherche la loi du Créateur,   9

Et qui dans les champs de l'espace,
Avec bonheur s'est élevé
Pour trouver dans les cieux la trace
De l'idéal qu'il a rêvé !...

* * *

Certes ! s'il fut donné dans ce monde qui souffre,
A tout homme de cœur de gémir sur le gouffre
        De nos passions, de nos deuils,
Et de faire briller sur l'océan des âges
Les phares éternels qui font voir les rivages
        Et nous éloignent des écueils ;

S'il fut donné parfois à quelque beau génie
D'entrevoir l'avenir de paix et d'harmonie
        Que nous appelons de nos vœux,
Qui peut mieux que Hugo dire : « J'ai vu l'aurore
De ce jour éloigné que nous cherchons encore
        A travers le ciel ténébreux ? »

Nul n'a dit mieux que lui le Bien, le Beau, le Juste ;
Il fit luire sur tous sa conscience auguste,
        Son noble et fier enseignement ;
Il fut le doux rêveur au front plein de lumière,
Qui dans l'ombre éternelle, à son heure dernière,
        Eut un dernier rayonnement !

* * *

Lamartine croit, aime, espère,
Hugo comprend mieux l'avenir,
Il chante la loi tutélaire
Que le peuple heureux doit bénir ;

Ils ont tous deux semé leur route
De sagesse et de vérité ;
Musset qui saigne, en proie au doute,
Rêveur triste, est à leur côté.

Musset souffre, Hugo conseille,
Lamartine plane au ciel bleu ;
La Muse leur parle à l'oreille
De tout ce qui révèle un Dieu.

Et ces trois maîtres qu'on admire,
Pâles, les yeux mouillés de pleurs,
Ont offert les chants de leur lyre
A Celui qui créa les fleurs.

Glorifions ces grands poètes
Qui sont couchés dans le tombeau ;
Évoquons leurs ombres muettes :
Elles nous montreront le Beau...

Et maintenant qu'il dort au Panthéon superbe,
Le plus grand, le plus doux, celui qui mit en gerbe
    Toute la moisson du bonheur,
Dont les plus beaux épis sont : progrès, conscience,
Amour, vertu, travail, poésie et science...
    Rêve, sourire, espoir du cœur !

Maintenant qu'il n'est plus qu'un corps froid et sans âme,
Que dans la tombe il dort, ce géant que réclame
    La plus haute immortalité ;
Français ! rappelons-nous les paroles du sage ;
Poétes ! parmi nous qu'il aima davantage,
Gardons comme un drapeau son grand nom respecté !

* * *

Adieu, Maître ! mon cœur se serre
En te disant encore : adieu !
Nous ne reverrons plus sur terre
Ton noble front, reflet de Dieu.

Tu pars pour la rive inconnue
Chargé d'ans, de gloire et d'honneurs ;
Tu pars... et notre France émue
Mêle un doux sourire à ses pleurs.

Elle sait que ton âme heureuse
Va planer dans l'immensité
Et, dans une paix lumineuse,
Travailler pour l'humanité.

Adieu donc, au revoir peut-être
Dans un monde digne de toi,
Où tu seras, glorieux maître,
Le cœur pur dont on suit la loi ;

Où toutes les haines passées
Seront bien mortes à jamais,
Où les nations avancées
N'auront plus de but désormais

Que d'unir du faîte à la base,
Dans toute la société,
Le noble rêve plein d'extase
A la douce réalité.

JEANNE BRUN.

LES GÉNIES

DITHYRAMBE

I

Souvent, les ignorants, l'œil fixé sur les cimes
Où rayonnent, voués à l'immortalité,
De purs esprits ainsi que des flambeaux sublimes,
Environnés de gloire et de sérénité,
Disent, énumérant leurs splendeurs infinies :
« Le règne des esprits, à cette heure est passé.
Dieu nous enverra-t-il encore des Génies ?
Son bras toujours levé doit s'être enfin lassé.
D'ailleurs tout, ici-bas, est sujet à l'usure ;
Et Dieu, qui cependant nous impose ses lois,
Dans ceux qui sont venus a donné sa mesure.
Il ne peut allumer le même astre deux fois ! »

II

Non, tu n'es pas fini — tu n'as pas de limite
Comme nous — Tes regards dépassent l'horizon ;
Tu ne connus jamais de zone circonscrite
Et, pour te contenir, il n'est pas de prison !

Si l'âpre hiver s'en va devant l'été propice ;
Si le torrent s'apaise au fond du précipice,
Si la vague en ruisseaux se dissout sur le sol ;
Si l'homme à chaque instant s'incline vers la tombe
Surveillé par la Mort attentive à ses pas,
Ce mot sombre et profond qui de tes lèvres tombe :
« Tu n'iras pas plus loin ! » ne te concerne pas.
Seul, tu peux triompher du temps et de l'espace,
Seul tu régis, Seigneur, le sort universel,
Et sous ta volonté, tandis que tout s'efface,
Seul, tu restes le Maître immuable, éternel.
Oh ! quand des insensés t'accusent de faiblesse,
Comme tu sourirais de leur débilité,
Si tu n'avais surtout pitié de leur détresse !...

Et tu ne souris pas, étant fait de bonté.

Toi cesser ! toi fermer cette main si féconde,
Pour qui l'éclosion des êtres n'est qu'un jeu,
Cette main qui jadis a façonné le monde
Et tracé dans l'azur ton nom en traits de feu !
Toi dire : « C'est ici qu'il faut que je m'arrête !
J'ai fait un homme ; eh bien, maintenant, c'est assez !
Respirons ; il est temps, reposons notre tête,
Et plus de ces travaux l'un sur l'autre entassés ! »

— Non, tu ne tiendrais pas cet inepte langage,
Etant, par-dessus tout, le Dieu puissant et fort.
Et si ce vil troupeau qu'amollit l'esclavage
Doit s'étonner, c'est bien plutôt devant l'effort,
Devant ce flot montant de vigueur et de sève,

Devant cet ouragan au souffle échevelé,
Tenant tout à la fois du prodige et du rêve,
Labeur mystérieux toujours renouvelé.

Phidias te conduit à faire Michel-Ange ;
Michel-Ange créé, tu nous donnes Rembrand,
Et tu ne trouves pas complète leur phalange,
Leur splendeur assez belle et leur nom assez grand.
Un Homère pas plus qu'un astre ne t'épuise,
Un Dante n'est qu'un souffle à tes yeux ; et tu vas
Pareil au bienfaiteur qui dans son trésor puise,
Heureux de secourir le pauvre, et jamais las.

Les aurores naissant à côté des aurores,
Les mondes au milieu des mondes gravitant,
Le renouvellement constant des météores,
Les comètes, bouquet de gerbes éclatant,
Les étoiles, et puis la foule des génies :
Orphée apparaissant au sein de l'univers,
Puis Moïse, puis Job aux douleurs infinies,
Puis Eschyle, tragique, « au Temps » léguant ses vers ;
Puis Lucrèce chantant la Nature éternelle,
Puis Tacite, cela ne saurait te gêner !

Et pour te reposer de tout ce pêle-mêle
Laissant aux jours passés le présent s'enchaîner,
Tu fais d'autres esprits dès que l'un d'eux expire :
Juvénal, Cervantès, Le Tasse, Rabelais
Préparent le chemin que doit suivre Shakspeare
Et que suivront aussi sous les cieux constellés,
Molière, ce rieur, et ce penseur : Voltaire !

Enfin, suprême envoi de ta Divinité,
Hugo quatre-vingts ans resplendit sur la terre...
Seigneur, la place est grande en ton immensité !

III

Mais hélas ! le dernier de ces géants lui-même
Dort aujourd'hui couché sous les plis d'un linceul,
Et la Muse, pleurant le poète qu'elle aime,
Perd en Victor Hugo son maître et son aïeul.
Mort, il est regretté comme le fut Eschyle.
Athènes prit le deuil de son illustre fils,
Plus grand que Thémistocle et plus noble qu'Achille.
Elle exalta son œuvre et c'est ce que tu fis,
O France ! pour celui qui te voua son âme.
Cependant, ô stupeur ! prompts à déraisonner,
Beaucoup disent : « Le temps nous a pris cette flamme,
Voudra-t-il une fois encor nous la donner ? »
Comme si, par le fait, rien ne reste de l'homme
Et comme si la Mort, entre ses bras vainqueurs
Emportait avec nous, triste et pâle fantôme,
Notre image gravée au fond même des cœurs !

Non ! jamais tout à fait, la coupe n'est vidée.
Au delà du tombeau fleurit le souvenir,
Et ceux qui ne sont plus revivent par l'Idée
Car ils ont autrefois semé pour l'avenir.

Joseph CAYROU.

LE PREMIER JUIN 1885

Le voyage qu'ils font est profond et sans bornes
On le fait à pas lents, parmi des faces mornes,
Et nous le ferons tous.

                                V. Hugo.

O maître vénéré, vous faites ce voyage
Vers les bords éloignés de l'inconnu rivage !
Le désespoir au cœur et les fronts assombris,
Devant votre cercueil nous demeurons surpris.
Notre admiration, chaque jour plus fidèle,
Aurait voulu pour vous une vie éternelle ;
Car la mort que pourtant nul ne peut éviter,
Devant votre grandeur paraissait hésiter ;
Et, prise du respect de votre beau génie,
Ne pouvait se résoudre à briser l'harmonie
De vos chants merveilleux, de vos superbes vers,
Comme un baume divin, tombant sur l'univers.

Et nous, les écrivains obscurs et sans mérite,
Foule aux sourdes clameurs, qui marche et qui s'agite
Dans le sentier rampant, au pied de ce grand mont
Où les yeux éblouis contemplaient votre front,
Nous espérions garder pendant longtemps encore
Les puissantes leçons de votre voix sonore.

Privé de ce rayon qui le guide et qui luit,
Le pauvre voyageur s'égare dans la nuit ;
Par les soirs d'ouragan, la barque ballottée
Ne peut sans son pilote atteindre la jetée ;
Leur général perdu, les soldats pleins d'effroi
Reculent tout à coup, fuyant en désarroi
Et le drapeau lui-même, âme de la patrie,
Ne peut ressusciter leur bravoure aguerrie.

Ainsi nous demeurons...(trop débiles encor
Pour voler aujourd'hui de notre propre essor)
Anxieux du chemin que nous devons poursuivre.
Notre vénéré chef ayant cessé de vivre
Et de guider nos pas tremblants, notre raison,
En un circuit moins vaste étend son horizon,
Et nous laisse remplis d'un effroyable doute
Devant la majesté de votre immense route
De sommets en sommets montant dans l'infini.

Qui pourra remplacer, o poète béni,
Votre souffle à l'accent impétueux et libre
Qui fait dans tous les cœurs tressaillir chaque fibre,
Et les enseignements au charme souverain
Que vous avez gravés d'un immortel burin ?
Personne maintenant ne peut avoir l'audace
D'aspirer, même en rêve, à suivre votre trace.
Notre époque présente, où tout tombe et décroît
Fait preuve à chaque instant d'un esprit plus étroit.
Nous sommes trop petits, de trop faible stature,
Pour atteindre jamais votre vaste envergure :

Celui-là tomberait lourdement sur le sol
Qui voudrait imiter votre superbe vol !

La mort, pour le vulgaire, est un voyage sombre
Et la tombe apparaît comme un néant plein d'ombre,
Un abîme entr'ouvert, ténébreux et profond,
Dont l'œil épouvanté ne peut trouver le fond.
Ah ! que l'homme inconnu, sans renom et sans gloire,
Dont personne ici-bas ne gardera mémoire,
De trouble et de terreur doit se trouver rempli
Lorsqu'il sent du linceûl tomber le premier pli !

Mais pour vous dont la gloire étincelante et pure
Traversera les temps, défiant toute injure,
Dont le cerveau puissant, en ses nobles ardeurs,
A connu les sommets, sondé les profondeurs,
La mort est le triomphe, incomparabte maître !
C'est vous qui l'avez dit, d'ailleurs : Mourir, c'est naître ;
Et ce trépas cruel vous fait, en vérité,
Pénétrer plus avant dans l'immortalité !

De tous les cœurs français la douleur unanime
Est pour votre mémoire un hommage sublime.
Les partis confondus dans les mêmes regrets
D'un deuil universel ; ces fastueux apprêts
Prodigués pour vous faire une cérémonie
Qui fût digne en tous points de votre beau génie ;
Ce catafalque immense élevé tristement
A l'ombre du plus vaste et plus fier monument ;
Ces marques de respect que donnèrent des princes ;
Ces délégués, en foule accourus des provinces ;

Tout cela ne peut-il mieux que tous les discours
Démontrer clairement que vous vivrez toujours,
Et que votre œuvre immense, éternelle et féconde
Ne cessera jamais de planer sur le monde !

Votre âme a dû, sans crainte et sans étonnement,
Traverser les clartés du brillant firmament
Et connaître l'éclat des splendeurs sidérales
Que décrivaient si bien vos strophes magistrales.
Vous êtes maintenant dans ces immensités
Où nos rêves si beaux sont des réalités,
Dans l'infini du ciel sans bornes et sans voiles
Où la nuit n'obscurcit jamais plus les étoiles.
Les espaces rêvés, tout vibrants de concerts
Et de chaude lumière à vos yeux sont ouverts.
Votre oreille charmée entend loin de la terre
La divine harmonie allant de sphère en sphère.

Les habitants du ciel — peuples mystérieux
Que ne peuvent, hélas ! se retracer nos yeux —
Arrêtent, lorsque passe au loin votre grande ombre,
Le vol perpétuel de leurs troupes sans nombre,
Et vous voyez sans doute, en un vaste remous,
Leurs fronts auréolés s'incliner devant vous !

Charles BOUGIVAL.

MÉDITATION

DEVANT L'ARC DE TRIOMPHE

I

O Poète divin ! voici l'apothéose !

Le catafalque est là, ton corps sacré repose
Sous l'étoffe de deuil et les larmes d'argent ;
Des sinistres flambeaux les flammes voltigeant,
Avec des éclairs bleus combattent les ténèbres ;
Et l'Arc superbe et fier redresse son haut front
      Où flottent des crêpes funèbres !
Le peuple est recueilli dans un chagrin profond ;
Un murmure attristé s'élève de la rue,
Et la foule grossit. incessamment accrue,
La ville tout entière, agenouillée, en deuil,
Vient gémir et rêver devant ce grand cercueil.
Paris, qui sait aimer, n'a pas d'ingratitude,
Et c'est pourquoi l'on voit en ce jour, en ce lieu,
Apporter de partout, par cette multitude,
Et le suprême hommage et le dernier adieu
      Au poéte parti vers Dieu !

II

Elevons notre cœur, étudions cet homme,
Au nom si glorieux qu'il vous laisse surpris.
On s'incline, songeur, quand un passant le nomme,
Lui qui paraît plus grand que les plus grands esprits !

III

Il alla, triomphant, de l'ombre à la lumière !
Esprit toujours en route et toujours gravissant,
Les si rudes hauteurs de la pensée altière.
        Le royaliste adolescent,
        Sortant sa raison de l'ornière,
Devint républicain, par un effort puissant :
Vaincre les préjugés pris au sein de la mère,
Mépriser la fortune, affronter les périls,
Dire que hors l'honneur tout n'est plus que chimère,
Tonner contre Décembre et flageller Brumaire,
Narguer César vainqueur, se rire des exils,
C'est un immense effort et, quoiqu'il nous étonne,
        D'autres moins forts l'avaient tenté.
Cette noble attitude ou cette austérité
        N'est qu'un fleuron de sa couronne !

IV

Non, ce qui le fait grand, c'est cet amour immense
        Pour les humbles et les petits ;
C'est ce cœur large et doux qui prêche la clémence
        A la rancune des partis.
C'est la tendre pitié, c'est la mansuétude
        Qui remplit son esprit serein.
Il avait du pardon la touchante habitude,
        Et son amour était sans frein.
Indulgent, il trouvait la raison et l'excuse
        Des misérables accusés ;
Il adorait l'enfant tout petit, et sa Muse
        N'avait pour lui que des baisers.

Il pardonne à Delorme, il exalte Fantine,
    Il fait d'un laquais un héros.
Il dit : l'homme est sacré, combattons guillotine !
    Je suis l'ennemi des bourreaux.
Et la peine de mort, reste de barbarie
    Et qui répugne à la raison,
A cette grande voix cache sa boucherie
    Au fond de la morne prison.
Aux peuples attentifs il dit : Soyez tous frères,
    Aimez-vous dans la liberté.
Eloignez de vos cœurs les anciennes colères
    La fureur et la cruauté ;
Enclouez les canons et ne prenez les armes
    Que pour expulser les tyrans ;
La guerre atroce, impie, est la mère des larmes,
    Blancs ou noirs confondez vos rangs !
O peuples ! jurez-vous une paix éternelle
    Pour le bonheur du genre humain ;
Laissez-donc dans l'oubli votre antique querelle
    Et créez, la main dans la main,
    La République universelle !

V

    Mais cette grande voix s'est tue,
    Les ans multipliant leurs coups,
    Notre âme n'est point abattue
    Car son esprit est parmi nous.

Nous serons bons, nous serons justes,
Nous monterons vers l'Idéal,
Relisant les œuvres augustes
De celui qui n'a pas d'égal.

Crois-en notre parole, ô père !
Pars sans crainte dans le grand Tout.
Dans la clarté, dans la lumière,
Ton nom fier restera debout ;

On le transmettra d'âge en âge
Toujours plus haut et vénéré,
Comme le plus cher héritage,
Comme un patrimoine sacré !

Génie imprégné de tendresse,
Nous t'écouterons, et demain
Le peuple ira vers la sagesse
Tenant tes livres à la main !

Voilà, Maître, voilà la cause
Qui nous fait apporter des fleurs,
Et sur ta tombe à peine close
L'humble tribut de nos douleurs !

O poète divin, voici l'apothéose !...

JULES SOUCHET.

✳✳✳✳✳✳✳✳✳✳✳✳✳✳✳✳✳✳✳✳✳✳✳✳

L'ŒUVRE DE VICTOR HUGO

MÉMOIRE AYANT OBTENU UN ACCESSIT

Le splendide monument littéraire élevé jour par jour pendant plus de soixante années par l'incomparable génie que la mort impitoyable nous a ravi, et à qui la France a fait de si majestueuses funérailles, doit se diviser en quatre parties : poésie, drame, roman, œuvres oratoires.

Disons immédiatement ceci : à quelque point de vue que l'on se place, Victor Hugo est avant tout *l'altissimo poeta*. Auteur dramatique, romancier, orateur, il ne cesse jamais d'être poète dans la plus haute acception du mot.

Dans chacun de ces genres, il a atteint la perfection, et l'une quelconque des quatre parties de son œuvre immortaliserait son nom. Poète, il est au dessus des plus grands ; auteur dramatique, on ne peut le comparer qu'à Shakespeare ou à Corneille ; romancier, il atteint Balzac et dépasse Dumas : orateur, les maîtres le reconnaissaient pour un des leurs.

A peine adolescent, « l'enfant sublime » ouvre son âme comme l'oiseau ouvre ses ailes, et il produit ses magnifiques *Odes et Ballades* qui ont commencé sa réputation. Le monde fut étonné et charmé tout à la fois qu'un poète si jeune eût pu trouver de tels accents. En trois vers admirables il définissait lui-même le rôle du poète dans la société :

> Parmi les peuples en délire,
> Il s'élance, armé de sa lyre,
> Comme Orphée au sein des enfers !

Il s'élançait, en effet, avec une ardeur juvénile, jetant à pleines mains les vers étincelants et les strophes enflammées.

Louis XVII, Moïse sur le Nil, La naissance du duc de Bordeaux, Les Vierges de Verdun, etc., toutes ces pièces empreintes du sentiment poétique le plus pur et le plus élevé lui avaient été inspirées par les enseignements de sa mère vénérée.

> Sors de ta douleur, ô Vendée !

Son âme généreuse et enthousiaste prenait la défense de toutes les victimes de nos discordes civiles ; il avait « des chants pour toutes les gloires, des larmes pour tous les malheurs. »

Tout le monde sait que, dès l'âge de quinze ans, il adressait à l'Académie française pour un concours, une pièce de vers qui aurait obtenu le premier prix si l'auteur n'avait pris soin de faire connaître son âge.

> Moi qui toujours fuyant les cités et les cours,
> De trois lustres à peine ai vu finir le cours,

L'Académie, se croyant mystifiée, ne lui accorda qu'une mention. Mais il ne s'attarda pas longtemps dans les sentiers battus et ce fut par des bonds prodigieux qu'il atteignit et dépassa les plus grands poètes lyriques.

Les œuvres se succédaient avec une rapidité vertigineuse : les *Feuilles d'automne,* les *Chants du Crépuscule,* les *Voix intérieures, les Rayons et les Ombres,* et, au premier rang de toutes ces merveilles, le riche écrin des *Orientales,* dont les vers étincelants semblent des perles, des rubis et des saphirs.

Avec quelle grâce, avec quelle souplesse, mais aussi avec quelle puissance le poète manie la langue et forge le vers ! Comme il se joue de toutes les difficultés ! Comme il renverse tous les obstacles qui voudraient s'opposer à l'expression de sa pensée.

Tous les rythmes lui sont familiers, depuis le vers alexandrin qu'il assouplit tout en lui conservant son harmonieuse gravité, jusqu'aux vers de deux syllabes, dont il se sert en passant par toute la gamme des mesures comme dans l'admirable pièce des *Djinns*.

Le patriotisme le plus pur inspire le poète ; il se souvient de son père et de ses oncles, tous soldats de la Grande-Armée, et il écrit ses odes napoléoniennes : *A la Colonne, Mil huit cent onze,* etc. Puis se préoccupant déjà, et à juste titre, de la question sociale, il écrit le *Bal de l'Hôtel de-Ville,* et cette poésie sublime intitulée : *Pour les Pauvres* !

Mais ses étonnants et rapides succès ont éveillé la jalousie des poètes de la vieille école qui voient en lui un novateur dangereux. D'autre part les jeunes écrivains, adeptes fervents des idées nouvelles, prennent énergiquement parti pour celui qu'ils considèrent à bon droit comme leur chef.

La lutte s'apprête entre les classiques invétérés et les romantiques groupés autour du jeune maître.

Un évènement qui précipita la crise éclata bientôt. Victor Hugo publia son admirable drame de *Cromwell,* où il se révéla auteur dramatique de premier ordre. Il est bien regrettable que les développements exigés par un sujet aussi riche et aussi complexe n'en aient pas permis la représentation. Jamais drame ne fut plus mouvementé ; jamais le choc des passions humaines n'amena plus de péripéties, plus de situations poignantes.

Mais ce qui produisit encore plus d'effet que le drame lui-même, ce fut la magnifique préface dans laquelle le jeune auteur exposait ses théories.

Cette préface est un véritable cours de littérature où nous voyons le grand Corneille censuré par Scudéry et Chapelain ; l'admirable Racine obligé de compter avec l'esprit de son temps et d'employer quelquefois, à regret, l'euphémisme et la périphrase. Molière seul restait naturel : son genre le lui permettait. Victor Hugo ajoutait que pour faire un drame tel qu'il le concevait, il faudrait un homme doué de l'âme de Corneille et de la tête de Molière. Cet homme existait, mais Victor Hugo ne le voyait pas.

Tous les admirateurs de la tragédie classique se liguèrent contre le jeune audacieux qui osait porter une main téméraire sur les règles traditionnelles d'Aristote, sanctionnées par Boileau. Ils fulminèrent en vain, car bientôt un nouveau chef-d'œuvre paraissait.

Marion Delorme, composée en vingt-quatre jours, fut interdite par la censure. Cette pièce, débordante de passion et de sentiments généreux, montrait la courtisane se réhabilitant par l'amour. La représentation en fut ajournée à des temps meilleurs ; mais l'influence de l'auteur s'en accrut, en raison des persécutions dont il était l'objet, et tout était préparé pour le grand évènement littéraire qui éclata peu après et qu'on appelle la « Bataille d'Hernani. » Elle a été racontée tant de fois, cette mémorable soirée, qu'il n'est pas nécessaire d'y insister ; disons seulement que l'on est stupé-

fait quand on considère à quel degré d'aveuglement la passion peut conduire les hommes, même les plus instruits.
Trouver mauvais les vers d'*Hernani*, ridiculiser l'admirable
scène des portraits, ne pas comprendre la grandeur chevale-
resque de tous ces personnages, ni la leçon d'hospitalité
qui est l'idée fondamentale du drame, cela nous paraît aujourd'hui le comble de l'injustice !

Cependant le poète est resté maître du terrain. Les chefs-
d'œuvre se succèdent, sans interruption. Les drames en
prose, dans cette prose étincelante et poétique dont il avait
le secret, *Marie Tudor*, *Angelo*, *Lucrèce Borgia*, alternent
avec ses grands drames en vers : *Ruy-Blas*, *le Roi s'amuse*,
et enfin celui qui dépasse tous les autres : *les Burgraves*.

On peut dire que dans cet admirable drame le poète, en
pleine possession de son génie, s'est surpassé lui-même.

Oh ! comme l'avenir vengera le grand poète de l'échec
immérité qu'il a subi !

Les vers des *Burgraves* sont les plus sublimes qu'il soit
possible de lire, Ils résonnent comme l'armure de bataille
des chevaliers teutons. Ils ont un caractère de noblesse et
de grandeur absolument en rapport avec les personnages
gigantesques que l'auteur met en scène d'une façon si ma-
gistrale. Et parmi tout cela des scènes d'amour d'une exquise
délicatesse. — Espérons que le Théâtre-Français trouvera un
jour le temps de monter ce drame superbe, quand ce ne
serait que pour nous reposer de ses comédies de genre.

Et le poète montait toujours. Les *Contemplations* — poésies exquises où se trouvent les strophes inspirées au poète
par la mort tragique de sa fille bien-aimée — jaillissent de
son âme en deuil.

Puis les *Chansons des rues et des bois*, et la *Légende des Siècles*, cette œuvre si grandiose, dont les vers sublimes sont forgés sur la même enclume que ceux des *Burgraves*. Ces vers puissants sont tellement au-dessus de tout ce qui avait été fait jusque là que tout le monde fut forcé de convenir que la langue française se prêtait merveilleusement à la poésie épique entre les mains de cet homme de génie

Quelque désir que nous ayons de ne pas mêler la politique à cette étude, il nous est impossible de ne pas dire un mot des *Châtiments*, ce livre formidable où le poète devenu justicier flagelle toutes les bassesses, toutes les hontes d'une époque néfaste.

Ce que l'on admire le plus dans cette œuvre, ce ne sont pas les beaux vers qu'elle contient, c'est le courage et l'énergie du poète luttant sans relâche, armé seulement de sa plume, mais soutenu par une patriotique indignation, contre les pièges, les persécutions de l'homme tout-puissant qui n'avait pas craint de jeter en exil le poète sublime, celui qui avait écrit à propos du chef de sa famille :

> Oh ! n'exilons personne, oh ! l'exil est impie !

. . . .

Examinons maintenant l'œuvre du romancier Déjà deux œuvres de jeunesse, *Bug-Jargal* et *Han-d'Islande* avaient été remarquées, quand tout à coup Victor Hugo publia son magnifique roman moyen-âge, *Notre-Dame-de-Paris*.

Le succès fut immense et incontesté ; tout le monde se passionna pour la charmante Esmeralda. Le beau capitaine Phœbus, le malheureux Quasimodo, l'infâme Claude Frollo et son frère Jehan, le joyeux *escholier* occupèrent les esprits. Tous ces personnages sont dessinés d'un trait si ferme que le lecteur s'identifie en quelque sorte à leur existence et semble vivre avec eux.

Le tableau de la Cour des miraclés et la description si fidèle, si minutieuse et si savante de Notre-Dame, placent cet ouvrage au premier rang.

Ce serait certainement, dans ce genre, le chef-d'œuvre de Victor Hugo s'il n'avait pas écrit les *Misérables*. Mais il écrivit les *Misérables*, et tous les romanciers furent saisis d'étonnement. Quoi ! le poète sublime, celui qui s'élevait sur les ailes de la poésie jusque dans les sphères célestes, voulait regarder les dessous de la société, explorer les recoins obscurs où gémissent les misérables et les parias !

Quelle odyssée que l'histoire de ce malheureux Jean Valjean ! Il n'y a pas beaucoup d'honnêtes gens que l'on puisse comparer à ce galérien sublime qui, sorti de la fange à force de courage et de persévérance, devenu manufacturier, riche, maire de sa commune, sacrifie sa situation pour sauver un homme qui allait être condamné à sa place.

Il est vrai qu'il a lutté avant de se sacrifier Le chapitre inoubliable : « Une tempête sous un crâne » est là pour attester qu'il ne s'est pas rendu sans combat. Mais le souvenir de Mgr Bienvenu l'a emporté. Il retourne au bagne, s'évade et court à Montfermeil chercher l'enfant, la pauvre petite Cosette, qu'il a promis à sa malheureuse mère, la Fantine, de lui ramener.

Il est impossible d'oublier, quand on l'a lu, l'admirable et poignant récit de la bataille de Waterloo. Ce n'est pas du roman, c'est de l'histoire burinée sur le bronze.

C'est sur ce champ de bataille formidable que le lecteur fait connaissance avec le bandit Thénardier, l'oiseau de proie qui dépouille les cadavres. La petite Cosette est tombée entre les griffes de cet homme et de sa digne compagne et c'est au prix des plus grands sacrifices que Jean Valjean parvient à l'en tirer. Puis la scène des brigands, embauchés par Thénardier pour faire « chanter le vieux » ; l'arrivée du terrible Javert, qui s'empare de tous les assassins, mais qui ne retrouve plus la victime.

L'idylle rue Plumet et l'épopée rue Saint-Denis, le récit de l'émeute du cloître Saint-Merri, aussi terrible, aussi poignant, aussi mouvementé que celui de Waterloo : il faut lire tout cela. Et la fuite de Jean Valjean, portant Marius blessé à travers les égouts de Paris ; la mort tragique de Javert ; le mariage de Marius et de Cosette, et enfin la mort, c'est à dire la délivrance du pauvre Jean Valjean.

Et dans quel style tout cela est écrit ! Comme les personnages sont dessinés, depuis Mgr Bienvenu jusqu'à M. Montparnasse et au petit Gavroche !

D'autres chefs-d'œuvre de moindre envergure parurent ensuite : *l'Homme qui rit*, étude philosophique d'une haute portée, en même temps que peinture fidèle des vieilles coutumes anglaises ; les *Travailleurs de la Mer*, où se trouve le combat de Gilliatt contre la pieuvre gigantesque ; *Quatre-vingt-treize*, récit à la fois tragique et touchant, où nous voyons les héros ennemis : Lantenac et Gauvain, faire assaut de générosité.

Partout et toujours le grand écrivain, fidèle à ses principes, se constitue le défenseur de tous les souffre-douleurs,

de toutes les victimes de l'iniquité ou de la fatalité. Dans
cet ordre d'idées Victor Hugo a écrit deux œuvres bien émou-
vantes : *Le Dernier jour d'un Condamné* et *Claude-Gueux*,
dans lesquelles il réclamait l'abolition de la peine de mort,
ce dernier vestige des législations barbares. Hélas ! le grand
poète est mort sans avoir obtenu satisfaction, puisque, cinquante ans après ses deux magnifiques plaidoyers, la guillotine fonctionne encore, la société ne s'étant pas décidée à
enseigner par l'exemple le respect de la vie humaine.

L'espace nous manque pour parler des dernières œuvres
poétiques du Maître ; disons seulement que, jusqu'à son
dernier jour, sa lyre flamboyante a rayonné sur l'Humanité.

Il nous reste à dire quelques mots de l'orateur. Victor Hugo
était, comme Lamartine, un maître de la parole. Il charmait,
il subjugait son auditoire. Ses discours académiques, ses discours à la Chambre des pairs, et surtout ceux qu'il a pro-
noncés à l'Assemblée législative en 1851, sont des modèles
d'éloquence. Pendant son exil, les oraisons funèbres qu'il
prononça sur les tombes des proscrits sont tellement tou-
chantes que la simple lecture fait jaillir les larmes.

Puis au Sénat, ses discours en faveur de l'amnistie, surtout celui qu'il prononça en 1878, où dans une image superbe il montrait l'exilé debout à l'horizon et la Patrie lui
ouvrant ses bras.

Cette partie de l'œuvre de Victor Hugo n'est pas assez
connue, et, cependant, que de trésors d'éloquence et de
style, que de pensées profondes et sublimes elle renferme.

L'influence exercée par l'œuvre du grand poète sur la littérature contemporaine est immense : il a affranchi la poésie
et la littérature dramatique des entraves que des règles suran-

nées opposaient à leur épanouissement. Il a réhabilité tous les mots de la langue qui avaient été déclarés indignes de figurer dans les vers, en disant :

. , . pas de mot où l'idée au vol pur
Ne puisse se poser tout humide d'azur.

Tous les poètes de nos jours sont ses disciples et s'en font honneur. Il était le chêne tutélaire qui les abritait sous ses branches vigoureuses. Quel bonheur pour eux lorsqu'après l'envoi d'une œuvre dans laquelle ils avaient mis toute leur âme, ils recevaient un mot de bienveillance et d'encouragement comme le Maître seul savait en écrire. Comme il savait les consoler dans leurs échecs souvent immérités ; comme il savait d'un mot les encourager à la lutte pour le progrès, pour la justice, pour la vérité.

Son exemple d'ailleurs n'était-il pas un enseignement ? N'avait-il pas lutté ? n'avait-il pas souffert avant d'occuper le trône des lettres ? Les épreuves, les chagrins, les persécutions, rien n'avait pu décourager son âme intrépide, ni altérer son ineffable bonté.

Son influence s'accoîtra encore avec le temps ; à mesure que les générations se succèderont, elles comprendront mieux encore que les contemporains les beautés sublimes des incomparables chefs-d'œuvre créés par cet homme de génie.

Ainsi que l'a si bien dit M. le Ministre de l'Instruction publique dans le beau discours qu'il a prononcé sur le cercueil du grand Poète : « Victor Hugo ira en grandissant dans la mémoire des hommes, et à mesure que son image reculera dans le lointain des temps, elle leur apparaîtra de plus en plus comme le précurseur de la Justice et de l'Humanité. »

ALEXANDRE VOLLARD.

UN GROG VICTOR HUGO

POÉSIE HUMORISTIQUE

Victor Hugo se rendait avant-hier au Luxembourg et,
vers trois heures, s'est arrêté dans un café du boulevard
Saint-Michel, où il a pris un grog au vin.

Quelques étudiants présents à ce moment sont venus
saluer l'illustre poète et ont envoyé prévenir leurs amis,

Lorsque ceux-ci arrivèrent, Victor Hugo était parti.
Mais les étudiants prendront leur revanche et se rendront
en corps à la demenre du maitre, le 26 février, date de
l'anniversaire du grand poète.

(*L'Evènement*, 23 février 1885)

Garçon ! un grog Victor Hugo. — Boum ! — Chaud !.. L'ancêtre
Toujours jeune que nous, apprentis, nommons : Maître !
Traversa l'autre jour cette folle cité
Où, poètes bayant à l'immortalité,
Tandis que nous guettons la gloire dans la rue,
La crampe nous saisit faisant le pied de grue...
Victor Hugo ! Sentant, ô surprise ! passer
Un vent mystérieux qui semblait annoncer
Un homme dont le nom provoque des fanfares,
Le bitume s'émut .. Cinquante « Tintamarres »
Bondirent, échappés des kiosques d'azur,
Et tel un bataillon emporté d'un pas sûr,
S'avancèrent, sonnant des marches sur l'asphalte
Inquiet... quand soudain la voiture fit halte,
Et le Maître poussa la porte d'un café...

. . . .

Redoutant un scandale, et d'être apostrophé
Par tous les mécontents dont le poing le menace,
Jupiter voyageur serrait dans sa besace

Un nom compromettant et passait d'un cœur fort,
Cachant ses parchemins, faussant son passe-port,
Prenant pour oreiller la paille de l'étable. .
Philémon et Baucis l'hébergeant à leur table,
Au dessert seulement Jupiter révélait
Son rang, entre la poire et le fromage au lait :
Buvant comme un mortel obscur et débonnaire,
Quand dormait son valet de chambre, le tonnerre...

Mais Hugo ne peut prendre un grog incognito :
Sur son front, le génie a collé l'écriteau
Rayonnant et fatal qui, mieux que les dorures
Dont un riche seigneur blasonne ses voitures,
Mieux qu'un chiffre ducal, mieux qu'un écusson, mieux
Qu'un vain sceptre trahit le passant glorieux,
Et qui fait, plus puissant qu'un royal diadème,
Que le Maître ne peut s'échapper à lui-même...
Il s'assied. Et déjà l'on chuchote son nom·...
Hé ! quoi... Victor Hugo ?... Oui, c'est Agamemnon...
On l'entoure... on lui rend hommage... Il balbutie...
Mais les dévots se sont comptés... Qu'on s'associe
Toute la légion des jeunes escoliers,
Des jeunes paladins qui, sur leurs boucliers
Ont, dans l'enlacement des devises superbes,
Tressé les vers d'Hugo, Charlemagne des verbes...
On s'élance... on frémit... « Formez vos bataillons ! »
En route ! le soleil avive ses rayons
Alanguis sous la cendre obscure de la brume,
Et, son glaive cinglant les cascades d'écume,
Et, son aile battant dans l'air un fier rappel,
On vit l'ange d'airain, l'archange Saint-Michel,
S'envoler et guider nos gais enthousiastes :
Fils de Justinien, de Broussais, scoliastes

10.

Sorbonicoles, — tous, — ceux qui sculptent la chair
Des cadavres et qui trouvent le pain trop cher,
Braves qui vont vider leurs ferventes disputes
Dans le champ clos poudreux des sèches Institutes,
Clercs qui, las d'implorer les froids commentateurs
Dont la hutte envahit le palais des auteurs,
Versent dans leur hanap le vin pur de Virgile,
Ceux qui sentent rugir la grande âme d'Eschyle
Dans la vibration des grands cieux foudroyés,
Ennemis de l'argot des docteurs ennuyés,
Qui savent, sans apprendre au lyrisme ses règles,
Entendre tournoyer dans la strophe des aigles,
Et commentent, laissant *enim* séduire *ergo*,
Pindare par un chant signé : Victor Hugo...
Les voici tous ! Sonnez clairons. Tous ! Pour trombonne,
Ils ont choisi le vieux dôme de la Sorbonne.
Vous, baguettes de tuf, piliers de l'Odéon,
Fracassez leur tambour, écho du Panthéon...
Tous, tous !... sonnez, clairon, tambour, fifre, trompette...
Tous, tous ! les voici tous !... Saint-Michel à leur tête
Marche, ayant réservé son plus riche collier
Pour Hugo, son plus jeune et plus vieux chevalier...
Tous, tous ! les voici tous !.. éphèbes qu'éperonne
Le beau désir d'offrir au Maître leur couronne
Dans Paris qui l'adore, et d'avoir concouru,
Maître... Où donc est le Maître ?.. — Il avait disparu.

* * *

Un grog Victor Hugo ! Chaque soir je vais boire,
A l'endroit où s'assit, escorté par sa gloire,
Le songeur étoilé dont le verbe est divin,
Un flot de poésie avec un dé de vin.
Des rimes ont perlé sur ma lèvre rougie...
Or je rentre... minuit ! Je souffle ma bougie,

Et ma paupière s'offre au baiser du sommeil...
Il vient. Mais sur mes cils dans un rayon vermeil,
Je sens avec le feu qui brûle mon haleine,
Circuler des ruisseaux de braise dans ma veine ..
Visions d'Orient ! O femmes du sérail !
Flots bleus, flots qui brodez d'argent le gouvernail
Du brave Canaris chantant dans la lumière
Des vagues dont sa rame agace la crinière...
O Maures ! ô palais d'Espagne, paradis !
Monts couronnés d'azur, de neige, et de bandits !...
Hernani ! Dona Sol ! Rêve tendre et farouche !
C'est le cor d'Hernani qui déchire ma bouche.
Contre mon cœur battant dans un rythme espagnol
Palpite fièrement le sein de dona Sol.
Aux armes ! Pour l'honneur ! Maintenant, ô merveille !
Les clairons ds Bivar font craquer mon oreille,
L'acier brille, et le sang fleurit l'herbe des prés,
Puis tout change. Au parfum des gazons diaprés
Mon rêve s'adoucit. La plainte monotone
De la brise rouillant les feuillages d'automne
Me caresse. Et mon œil contemple sans courroux
Les gros nuages lents des crépuscules roux.
O Nature ! astres d'or cloués sur les cieux sombres,
Palette où Dieu fondit les rayons et les ombres
Pour que dans l'âme en deuil la joie au clair éveil
Mît au crêpe des nuits des franges de soleil !
La nuit râle et les flots roulant sur les rivages
La lamentation lugubre des naufrages,
Debout, je livre au vent hurleur qu'enflent mes cris
La malédiction sinistre des proscrits.
L'aube gazouille, et dans un coin de paysage
Dore un couple d'amants très jeune et très peu sage...
J'écoute babiller des rires enfantins,

Chants d'aurore sous les ombrages Feuillantins ;
Tout à coup une bombe éclate dans mon rêve ?
Le canon tonne... Alerte ! Or la France se lève
Et réchauffe ses fils enfonçant leurs talons
Dans le linceul glacé qui couvre les vallons.
En avant ! La Patrie inquiète regarde
Ma lèvre où semble éclore un nouveau chant de barde,
Et me dit : « Rythme-nous le pas des bataillons
Qui traversent le Rhin et l'Europe en haillons ;
Chante et bats le rappel des jeunes épopées,
O Hugo ! » Car toujours, sous l'éclair des épées,
Plus haut que la rumeur stupide du canon,
Dans sa noble rumeur j'entends planer mon nom ;

Car je suis le poète auguste qu'on acclame,
Hugo, dont le nom luit ainsi qu'une oriflamme
Sur le siècle étonné qu'agite un long transport,
Car je suis le mortel dont l'auguste délire
Suspendit dans l'éther ému l'immense lyre
Dont mon vers a touché les mille cordes d'or ;

Je suis le forgeron dont l'enclume féconde
Sous son rythme a tordu les entrailles du monde,
Et tiré des soleils du sein de l'univers,
Et je suis l'oiseleur innocent qui promène
Son filet par les cieux éblouis, et qui traîne
Tous les oiseaux du ciel gazouillant dans ses vers.

Ma strophe va cueillir l'étoile sur sa tige,
Et les monts tremblent, pris d'un étrange vertige,
En contemplant l'abîme où va plonger mon vol.
L'ombre vaste des nuits monte de ma prunelle
Et c'est de mon regard qu'a jailli l'étincelle,
Quand l'aigle foudroyé retombe sur le sol.

C'est mon verbe tonnant en notes triomphales
Qu'entendent, inclinés sous le vent des rafales,
Les nautonniers creusant leur sillon hasardeux ;
Or, que ma voix soupire et glisse dans les brises,
Ou gronde avec les flots heurtant les roches grises,
Quand il parle de moi, l'Océan dit : Nous deux !...

J'ai mesuré le ciel dont je connais la voûte.
Si le soleil errant s'égarait dans sa route,
Mon doigt indiquerait au soleil son chemin.
Si le monde croûlait, brisé par le désastre
Epouvantable, né d'une imprudence d'astre,
Ses débris, à mes chants, s'embrasseraient demain...

J'ai dompté la nature et gouverné la race
Des hommes. Mes accents, d'où coule toute grâce,
Versent dans les esprits d'angéliques pitiés ;
Mon cœur bat dans le cœur innombrable des foules :
Les monstres de granit, les Chimères, les Goules
Me proclament le dieu cher aux amnistiés !

Lorsque, démuselant ses molosses de bronze,
Ceux de Quatre-vingt-douze ou de Mil-huit-cent-onze,
La guerre veut hacher les blêmes escadrons,
Mon vers doit accorder les sourds cracheurs de foudre,
Et mon diapason règle l'air qui doit moudre
Les fanfares de cuivre aux gueules des clairons.

Oui, le grand empereur, quittant les Invalides,
M'irait pour piédestal quérir les Pyramides,
Si la France souffrait que je pusse mourir...
Mais les cieux rayonnants pâliraient dans leur gloire,
Mais Dieu chancellerait sur son trône d'ivoire,
Si mon luth consentait à mon dernier soupir !...

Hugo ! Victor Hugo ! Je ne suis plus un homme :
Je suis, je suis Victor Hugo, moi... Je me nomme..,
Je me nomme Ruy-Blas et je suis un laquais !

.   .   .   .

Ah ! pauvre Don César déchu, j'extravaguais,
Quand, le chef enfoui sous ma cape d'étoiles,
La charmeuse qui coud des astres à ses voiles,
La Nuit vidait sur moi ses blonds flacons de miel.
Hugo ! je suis Hugo !... jusqu'à l'heure où le ciel
En rallumant le jour me culbute dans l'ombre
Vague, luthier sans nom englouti par le nombre :
Où Sorbon, vieux docteur qui mourut Dieu sait quand,
Enjambe ma fenêtre entr'ouverte, et braquant·
Sur mes yeux demi-clos une double lunette,
Me fredonne d'un ton nasillard : « O poète,
Pâle imbécile, eh ! bien, qu'en dis-tu ? gros nigaud,
Poupon ivre qui bois le soir Victor Hugo. »

Puis Malherbe, pédant fustigeur des mensonges,
Me dit en s'approchant du gai Quartier-Latin :
Fou, ton songe a vécu ce que vivent les songes,
    Jusqu'à la brise du matin....

                »* «

Vive la nuit, alors ! Car le songe est superbe...
C'est pourquoi moi, petit rimeur et grand nigaud,
Chaque soir, en dépit de Sorbon et Malherbe,
    Je prends mon grog Victor Hugo...

                                L. DUROCHER.

TABLE DES MATIÈRES

GENRE LIBRE

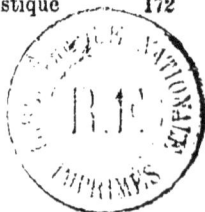

Paris, Imprimerie Noizette, 8, rue Campagne-Première

LA PROVINCE

Revue mensuelle de 48 pages de texte

Organe de

L'ACADÉMIE DES LETTRES, SCIENCES ET BEAUX-ARTS DE LA PROVINCE

12 francs par an

Tous ces ouvrages se trouvent au siège de la Société

116, boulevard Montparnasse, à Paris

S'adresser à M. Lucien Duc, directeur

Imp. de la Soc. de Typ. Noizette, 8, r. Campagne-Première. Paris

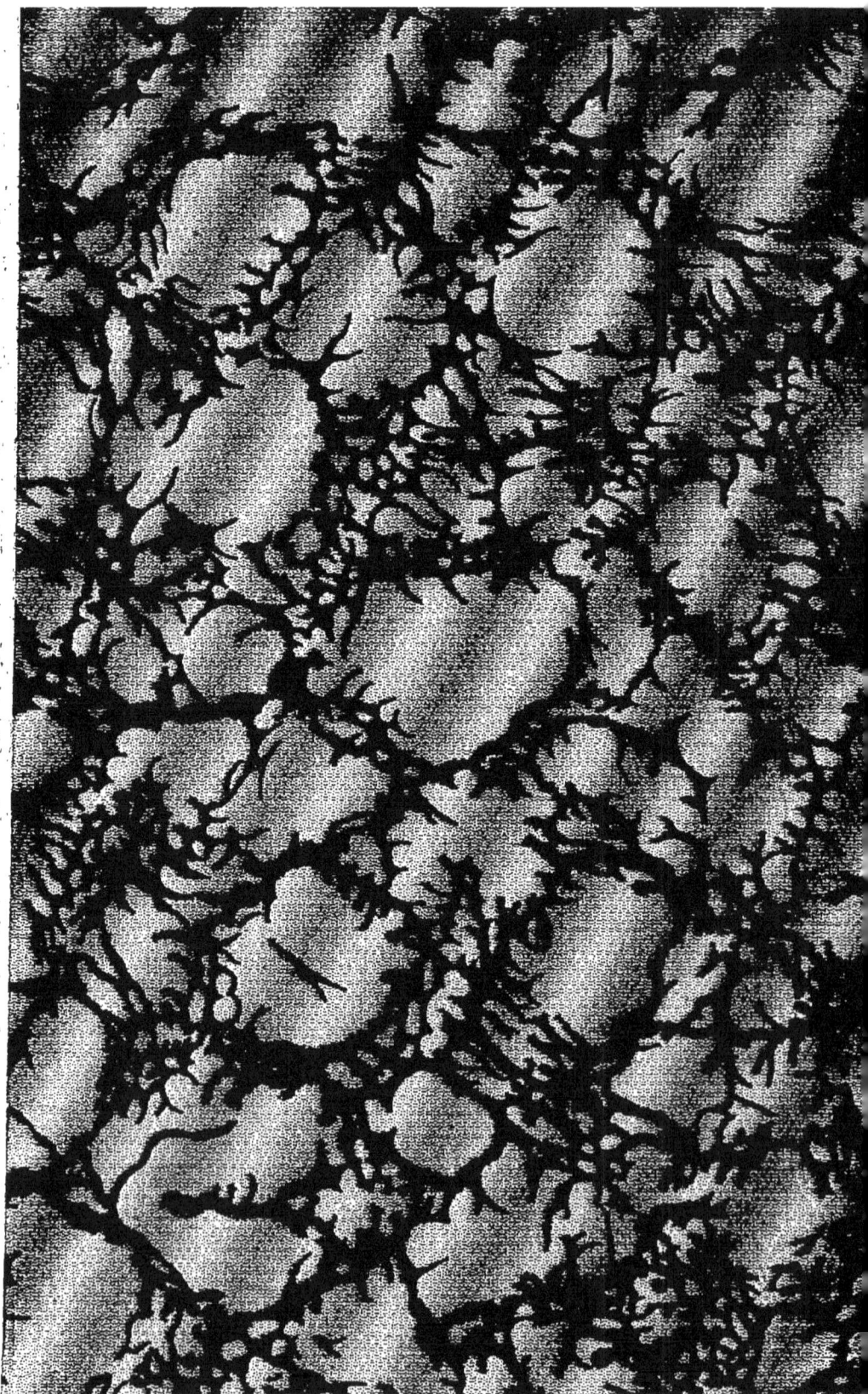

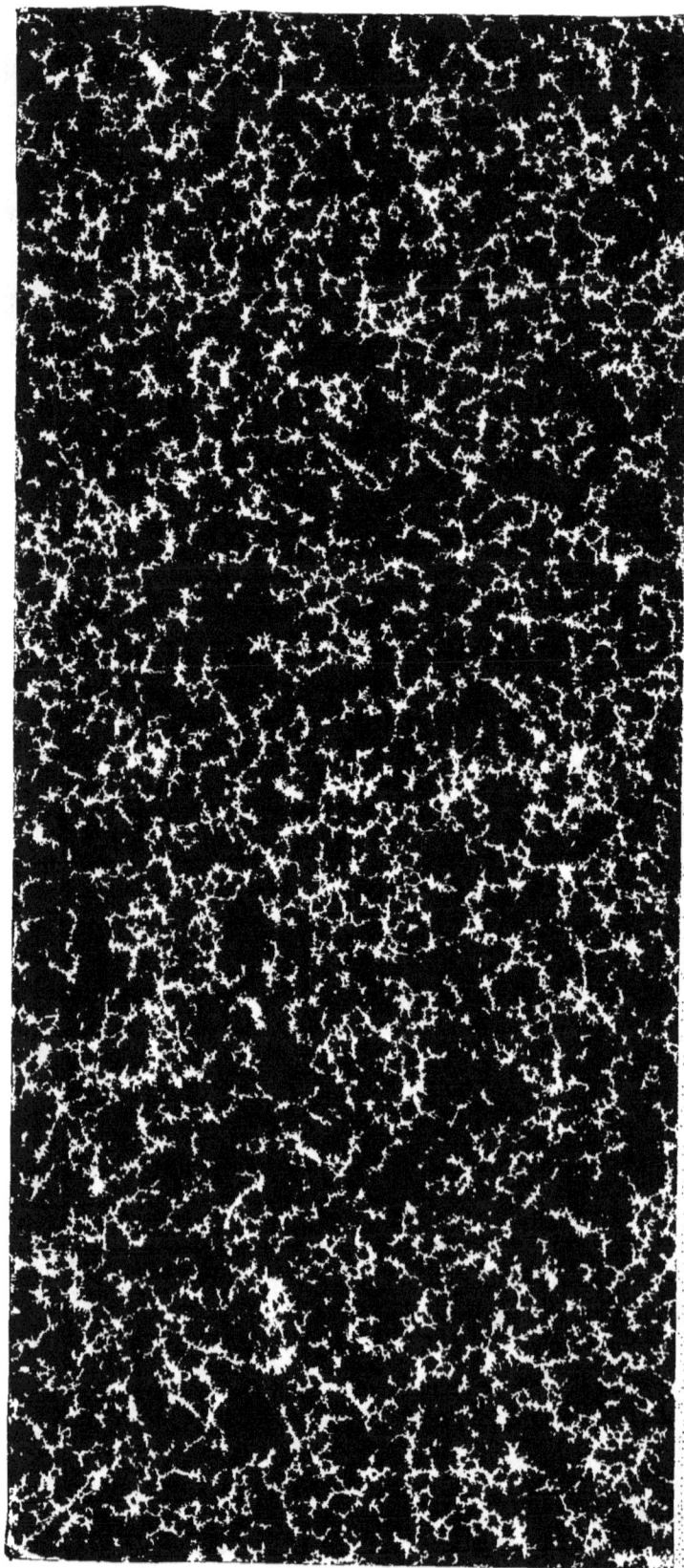